Melanie Stalner

Umgang mit Soziopathen

Kommunikation mit der Kommunikationsunfähigkeit

„Manchmal zweifelst du an deiner eigenen Wahrnehmung...“

Deutsche Erstausgabe: November 2016

Umschlaggestaltung: Ulrich Bathge
Lektorat: Ulrich Bathge

Impressum:
Ulrich Bathge, Am Schein 13, 40470 Düsseldorf
melaniestalner.info@googlemail.com

ISBN-13: 978-151-905465-4

Inhalt:

VORBEMERKUNG

Ich nehme an, du bist ein Mensch, der bisher fest daran geglaubt hat, alles lasse sich regeln, lösen, oder auf rationalem Wege klären.
Vermutlich glaubtest du bisher, in einer Welt zu leben, in der Vernunft und Logik jedes auch noch so große Problem bewältigen können.
Nun hast du die schmerzhafte Erfahrung gemacht, dass dem leider nicht so ist und dass du mit dieser Annahme einem furchtbaren Irrtum zum Opfer gefallen bist.

Denn der Soziopath passt nicht in dieses Konzept von Logik.

Dieses Buch soll dir auf einfache Weise dabei helfen, einen Soziopathen zu erkennen.
Darüber hinaus soll es dir ein paar praktische Hilfen liefern, die dir den Umgang mit einem Soziopathen etwas erleichtern.
Außerdem soll es dir zeigen, wie du sich selbst und die Botschaften, die du an eine solche Person aussendest, bewusst kontrollieren kannst und wie du dadurch letztlich die Handlungsweise dieses Menschen indirekt beeinflussen kannst.

Ausdrücklich weise ich daraufhin, dass das Buch keine wissenschaftliche Abhandlung ist und auch nicht beansprucht, eine solche zu sein.
Es ist entstanden aus dem Erfahrungsschatz von Betroffenen und soll wiederum anderen Betroffenen Anregungen und Tipps zur Selbsthilfe liefern.

EINFÜHRUNG

Da du dieses Buch gewählt hast, nehme ich an, dass du mit ziemlicher Sicherheit jemand bist, der in einer verhängnisvollen Beziehung zu einem Menschen steht, dessen Natur so andersartig, so erschreckend und verstörend, so ungeheuerlich ist, dass du im Moment an dir selbst und der Welt zu verzweifeln glaubst.

Dieser Mensch hat dich bedroht, dir vielleicht Gewalt angetan, er hat dich enteignet, deine Urteilsfähigkeit angezweifelt, er hat dich verklagt, er mobbt und stalkt dich, er lügt und unterstellt, wobei er selbst vermutlich all das glaubt, was er äußert.
Er erinnert dich ständig auf subtile Weise daran, dass er in der Nähe ist und du bist mit ihm jeden Tag auf irgendeine Art und Weise beschäftigt.

Es gibt verschiedene Bezeichnungen für solche Menschen, aber jede einzelne umfasst nur einen Teilaspekt der Persönlichkeit, mit der du es vermutlich zu tun hast.
Und es ist schwer, einen Begriff zu finden, der einerseits alle Aspekte seiner gestörten Persönlichkeit umfasst und andererseits doch trennscharf und konkret ist.
Im Prinzip hast du es jedenfalls mit einem Menschen mit psycho-sozialem Abweichungsverhalten zu tun.

Wahrscheinlich zeichnet sich dieser Mensch dadurch aus, dass er nur seine eigene Vorstellung von Wirklichkeit wahrnimmt, selbst wenn diese offensichtlich nur Fiktion ist.
Er ist nicht in der Lage, sich selbst zu reflektieren, sondern krankhaft auf sich selbst bezogen.
In der Psychologie bezeichnet man so etwas als „narzisstische Persönlichkeitsstörung" bezeichnet.
Gefühle wie Mitleid oder Mitgefühl sind ihm fremd, die Folgen seines Verhaltens für seine Umgebung sind ihm egal.

Wichtig ist ihm nur, dass er dadurch im Augenblick sein Ziel erreicht.
So etwas wird **soziopathologische Verhaltensabweichung** genannt. Im Sinne einer besseren Lesbarkeit werde ich im Buch also vom „Soziopathen“ sprechen.

Das mag nicht völlig korrekt sein, doch ist es im weitesten Sinne zutreffend und für die meisten Betroffenen verständlich.
Da jeder Mensch an sich einzigartig ist, sind solche Klassifizierungen ohnehin niemals genau im Verhältnis 1:1 zutreffend.

Du hast also mit einem „Soziopathen“ zu tun.
Dieses „Ungeheuer“ kennst du bereits seit Jahren, möglicherweise sogar Jahrzehnten.
Nicht immer war alles schlecht im Zusammenleben mit ihm. Vieles war sicher ganz normal oder zumindest hast du es so empfunden. Und wahrscheinlich hattest du während all dieser zurückliegenden Zeit sogar mit ihm zusammen gelacht. Vielleicht hast du früher einmal mit ihm Zärtlichkeiten ausgetauscht, Sex mit ihm gehabt, vielleicht ist er der Vater /die Mutter deiner Kinder. Vielleicht auch nur dein Vorgesetzter oder der Kollege, mit dem du seit 20 Jahren das Büro teilst.

Und nun hast du schmerzhaft erfahren müssen, dass der Mensch, den du jahrelang zu kennen glaubtest, nicht existiert. Du spürst, dass alles nur eine äußere Schale, eine Fassade war, hinter der sich ein anderes erschreckendes Wesen verbarg, eines, das nur durch ständige Verstellung unbemerkt durch das Leben schlüpfen kann.

Ein Wesen, dem es nur durch seine Verkleidung möglich ist, am Menschsein teilzunehmen?
Das hört sich für dich sicher zunächst an wie eine trashige Utopie aus den 50ger Jahren des letzten Jahrhunderts.
Aber leider ist es keine Utopie, sondern furchtbare Realität.

Der Antrieb dieser Menschen ist ein inneres Feuer, das ihren Träger letztendlich irgendwann selbst verschlingen wird. Vielleicht geschieht dies dann unauffällig in einem leichten schmerzhaften Niederglühen in der persönlichen Einsamkeit am Ende seines Lebens.

Möglicherweise aber – und dafür möge Gott jeden bewahren, der der Nähe eines solchen Menschen nicht entfliehen kann – geschieht es auch in einer spektakulären Explosion, die alles um ihn herum mit in den Abgrund reißt.

Dieses Buch soll dir dabei helfen, zu verstehen, wie dieser Mensch funktioniert, und wie du mit ihm umgehen musst, wenn es dir nicht sofort möglich ist, dich für immer von ihm zu distanzieren.

Teil I. Was ist ein Soziopath?

1. Wie wird der Mensch zum Unmenschen?

Im Grundgesetz steht, dass alle Menschen von Geburt an frei sind und gleich an Würde und Rechten. Damit ist gemeint, dass der Mensch, sobald er die Welt betreten hat, die gleichen Entwicklungsmöglichkeiten haben soll. Die Gesellschaft soll ihm also einen Rahmen geben, in dem er frei und unabhängig heranwachsen kann.

Soweit die Theorie. Aber was genau geschieht denn nach der Geburt?

Ich weiß nicht, wie deine Kindheit gewesen ist, aber ich vermute, sie war – genau wie meine - ganz normal. Vielleicht bist du bei Vater und Mutter aufgewachsen, vielleicht auch bei Vater o d e r Mutter. In jedem Fall hattest du zumindest ein Elternteil, das zwar sicher auch mal auf dich geschimpft hat, aber dir in deiner Kinder- und Jugendzeit doch im Wesentlichen mit Liebe, Verständnis und Ermutigung zur Seite gestanden hat.

Du hast deine Eltern (deinen Vater, deine Mutter oder die Menschen, bei denen du aufgewachsen bist) geliebt und von ihnen ein paar Tugenden (und Untugenden) übernommen.
Du hast gelernt Verantwortung für dein Handeln zu übernehmen und – häufig auch gegen den Willen deiner Erziehungsberechtigten - eigene Entscheidungen zu treffen.
Du hast dabei natürlich auch Fehler gemacht und hin und wieder Mist gebaut – manchmal vielleicht sogar ziemlich großen.
Und trotzdem hast du immer wieder auf die Ratschläge der Erwachsenen gepfiffen und die Welt entdeckt – und damit dich selbst.
Du hast Spiele gespielt und dabei die Erfahrung gemacht, zu gewinnen. Und auch wenn es manchmal schmerzlich war,

hast du außerdem gelernt, dass es dir nicht weiterhilft, das Spielbrett auf den Boden zu stoßen, wenn du verlierst.

Und durch all dies bis du zu der Persönlichkeit herangewachsen, die du heute bist.

Wie aber wird ein Mensch zum Soziopathen?

Du denkst, die Frage sei unwichtig? Ist sie aber nicht. Wenn du nicht weißt, wie ein Soziopath entsteht, kannst du dich auch nicht mit ihm auseinander setzen. Nur so wirst du deinen persönlichen Weg finden, ihm zu widerstehen.
Wissenschaftlich zweifelsfrei klären lässt sich das natürlich nicht, aber bei meinen Recherchen bin ich immer wieder auf einige Faktoren gestoßen, die eine solche Persönlichkeitsentwicklung begünstigen. An dieser Stelle möchte ich noch einmal hervorheben, dass dieses Buch keine wissenschaftliche Abhandlung sein soll, sondern in erster Linie ein schneller Ratgeber für dich und jeden anderen Leser, der sich in einer vergleichbaren Situation befindet und unsicher dabei ist, wie er mit dieser umgehen soll.
Und bei näherem Hinsehen wirst du sicherlich bemerken, dass die Zusammenhänge, auf die ich dein Augenmerk lenken möchte, keineswegs aus der Luft gegriffen sind.

Zunächst mal entsteht kein Mensch aus dem Nichts. Jedes Verhalten, jede Charaktereigenschaft, jede Facette der Persönlichkeit eines Menschen findet ihren Ursprung irgendwo in seiner frühen Vergangenheit. Der Satz „Er hatte eine schwere Kindheit!“ ist zwar schon längst zum Sprachklischee geworden, aber er trifft durchaus den Kern.

Die frühkindliche Entwicklung ist entscheidend für die Heranbildung des Charakters. Unlängst konnte man lesen, dass Lehrer in den Schulen inzwischen oft gehäuft mit Kindern zu tun haben, die zwar durchaus ihre Rechte kennen, ihre Pflichten jedoch ignorieren und sich darüber hinaus aggressiv und unverschämt verhalten: „Aggressive

Weichlinge“, die nur einknicken, wenn sie mit offenkundiger Gewalt konfrontiert werden.

Menschen, die wegen schlimmer Taten vor Gericht kommen, werden – auch wenn ihre Schuld feststeht – häufig dadurch entlastet, dass man auf die Umstände ihrer Vergangenheit zu sprechen kommt. Der Täter habe als Kind in einem Elternhaus von Alkoholikern, Schlägern oder Asozialen aufwachsen müssen. Niemand habe ihm jemals beigebracht, wie wichtig es sei, sich an Regeln zu halten. Eine Erziehung habe nie stattgefunden. Positive Vorbilder haben gefehlt. Er könne Recht und Unrecht nicht voneinander unterscheiden etc…

Sicherlich hat eine so begründete Verteidigung ihre Berechtigung. Denn Grundsätzlich ist der Mensch von Natur aus gut, und erst die Gesellschaft macht ihn zu dem, was er ist.
Am Anfang der Gesellschaft stehen jedoch immer die Eltern, soviel ist klar. Sie versorgen das junge Menschenwesen, begleiten es zum Erwachsenenalter und entlassen es dann in die Selbständigkeit.

Soweit die Theorie. Also zurück zur Geburt.

Ein Kind wird geboren. Die Ursache dafür ist zunächst einmal der Wunsch von zwei Menschen, dass ein Kind entsteht. Die Gründe, aus denen dieser Wunsch herrührt, können vielfältig sein.
- Das Kind ist ein sexuelles Zufallsprodukt, aber beide Eltern freuen sich darüber.
- Das Kind soll den Eltern über den Verlust ihrer eigenen Kindheit seelisch hinweg helfen.
- Die Eltern sehen es als ihre verpflichtende Aufgabe ein Kind zu zeugen.

Bei der ersten Variante trifft das Kind auf Eltern, die ihm unvoreingenommen gegenüber stehen. Sie „nehmen das Kind an"! Selbst wenn sie etwas unvorbereitet sind, wird sich das Kind voraussichtlich normal entwickeln können.

Das Kind, das in das Elternhaus der zweiten Variante hinein geboren wird, steht schwachen Eltern gegenüber. Diese wünschen sich, dass das Kind ihnen etwas gibt und begeben sich so in die Abhängigkeit von ihrem Wunschkind. Das Kind wird sich also vermutlich zu einem Tyrannen entwickeln. Es wird seine Gefühle nur schwer kontrollieren können.
Eine schwierige Entwicklung steht diesem Kind bevor, denn die Eltern werden vermutlich zu wenige oder sogar gar keine Grenzen setzen und das Kind im Konfliktfalle völlig unreflektiert gegen jegliche Einwirkungsversuche von Außen zu schützen versuchen. Hier liegt die Gefahr, dass sich das Kind möglicherweise zu einem der oben genannten „aggressiven Weichlinge" entwickelt.

Die dritte Variante ist für uns besonders interessant. Denn sie kann unter bestimmten Umständen sicher begünstigen, dass ein Mensch heranwächst, der über die Jahre hinweg eine soziopathologische Verhaltensabweichung entwickelt.

Du fragst dich natürlich, weshalb das so ist und diese Frage ist begründet.
Ich werde versuchen, es dir an einem Beispiel zu erklären.

Ein Kind wächst in einem Elternhaus auf, in dem Kontrolle und Fassade über allem stehen. Es wird früh lernen, sich selbst zu fügen, denn Auswege werden sich ihm nicht aufzeigen. Von klein an verweben die Eltern das Kind in ein Kontroll-Abhängigkeitsgeflecht. Grenzen setzen sie so fein und so strikt, dass die bloße Berührung derselben bereits dem jungen Menschen als Preisgabe seines persönlichen Schutzes vorkommen mag.

Liebe und Zuneigung – falls überhaupt vorhanden – werden von den Eltern an die strikte Einhaltung der Regeln gebunden.

Und Regeln wird es für dieses Kind viele geben. Und egal, ob sie sinnvoll sind oder nicht, das Kind wird sich fügen müssen.
Beispielsweise gibt es Essen IMMER pünktlich um 12:00 Uhr. Das Kind muss IMMER um 18:00 Uhr zuhause sein. Die Gestaltung seines Zimmers ist ihm vorgeschrieben und das Kind darf sie nicht verändern. Die Kleidung, die es tragen darf, schreibt der Vater vor. Und..und..und... Ein kleiner Verstoß gegen eine dieser Regeln hat sofort zur Folge, dass dem Kind „Liebe" oder das, was es dafür halten mag, entzogen wird. Beispielsweise erhält es dann keinen Gute-Nacht-Kuss oder man spricht nicht mit ihm. Der Mensch wird also konditioniert. Zuneigung erfährt er in seiner traurigen Kindheit also nur in sehr kleinen dosierten Portionen. Und damit er diese überhaupt erhält, muss er seinen Hunger danach verbergen.

Stell dir einen Zirkuslöwen vor. Der Fleischbrocken, den der Dompteur dem Tier nach erfolgreicher Vorführung zuwirft, macht es nicht satt. Aber die permanente Selbstkasteiung sorgt dafür, dass der Löwe auch bei der nächsten Vorführung wieder brav auf seinem Sockel auf den Einsatz – und die Belohnung – wartet.

Beim Kind verhält es sich ähnlich. Es wird dressiert für einen formelhaften Umgang auf dem gesellschaftlichen Parkett. „Benimm dich!" – „So etwas tut man nicht!" – „Sei ein braves Kind!" – „Das schickt sich nicht!" – „Schäm' dich!"
Das, was Kinder in der Regel selbständig entdecken sollten, wird also strikt reglementiert. Körperhaltung, Nahrungsaufnahme, An- und Auskleiden unterliegen einer ständigen Kontrolle von Seiten der Eltern. Alles wird zum Ritual gestaltet. Das Kind lernt zu funktionieren.

Es lernt, dass es die elterliche Belohnung – das Gegenstück zum Fleischbrocken - nur dann bekommt, wenn es sich so verhält, wie die Eltern es von ihm erwarten. Jede minimale Zuwendung machen die Eltern von korrekter Pflichterfüllung abhängig. Dressur statt Erziehung. Die Belohnung - eine dosierte emotionale oder auch wirtschaftliche Zuwendung, kommt möglicherweise von beiden Elternteilen, wahrscheinlicher jedoch nur von einem – der Mutter. Diese wird vermutlich vom Vater dominiert, ist selbst in einem unglückseligen Geflecht gefangen, und geht somit nicht dichter an das Kind heran, als der Vater es zulässt.

Kein Wunder, dass die Mutter also von dem heran wachsenden Kind als schwach erkannt wird, ein Umstand, der später das Frauenbild des Kindes entscheidend prägen wird.
Während das Mädchen vermutlich so schnell wie möglich die Ablösung vom Elternhaus sucht, wird der Junge wahrscheinlich zum Untergebenen, zum Helfer des Vaters heran wachsen. Er wird diesem Vater dienen und sich niemals wirklich von ihm lösen können. Die wichtige Phase der Pubertät, in der es lernt sich von den Eltern zu lösen, wird also durch die Erziehung unterdrückt.

Denn einerseits erlebt der Mensch, der unter solch verhängnisvollen Umständen heranwachsen muss, dass Pflichterfüllung über allem anderen steht.
Andererseits entwickelt er durch das enge Regelsystem, dem er sich fügen muss, eine extreme Unselbständigkeit. Da sein Handlungsspielraum stark eingeschränkt ist, lernt er nie, seinen eigenen Entscheidungen zu vertrauen. In vielen Situationen ist er schlichtweg überfordert. Misstrauen sich selbst und der Welt gegenüber dominiert fortweg sein Handeln. In allem was er tut, wird er zur Perfektion streben, aus Angst, als Versager angesehen zu werden. Er befindet sich also in einem ständigen Kampf mit sich und seiner Umgebung.

Um sich dies jedoch nicht anmerken zu lassen, entwickelt der heran wachsende Soziopath Strategien.
Er sorgt dafür, dass seine äußere Schale immer undurchdringlicher wird, damit diese sein Inneres sicher

verbirgt. Nach Außen hin hart und selbstbewusst ist er innerlich von Selbstzweifeln zerrissen. Wenn dann die äußere Schale sichtbare Risse erhält, kann er dem nicht viel entgegen setzen. Er hat nie gelernt, Grenzen zu überschreiten, mit Niederlagen umzugehen, sich selbst zu finden.

Die Folge ist, dass seinem gefangenen Ich, wenn es einmal befreit ist, die Fähigkeit zur inneren Selbstkontrolle fehlt.
Er wächst heran zu der Art Mann, die in faschistischen und autokratischen Systemen am besten ihren Weg findet. Es gibt viele historische Beispiele von größenwahnsinnigen Diktatoren, die unter ähnlichen familiären Rahmenbedingungen herangewachsen sind. Eines liegt dabei auf der Hand: Freie Menschen können sich so nicht entwickeln.

Du denkst, dass sich das alles sehr widersprüchlich anhört, doch dem ist nicht so.

Gerade, weil der Soziopath ständig die absolute Kontrolle anstrebt, muss er in der natürlichen Selbstkontrolle scheitern. Die Fähigkeit zum verhältnismäßigen Denken fehlt ihm. Alles ist entweder schwarz oder weiß – gut oder schlecht – feindlich oder freundlich. Mit Fehlern kann er nicht umgehen, weder bei sich noch bei Anderen. Wobei er aber sich selbst gegenüber nicht in der Lage ist, eigene Fehler einzugestehen. Dazu müsste er sich seinem Inneren, seinem eingesperrten Selbst stellen.

Gleichzeitiger Kontrollzwang und Kontrollunfähigkeit sind also kein Widerspruch.

Als Kind hat dieser Mensch nämlich von Anfang an gelernt, sein Inneres als etwas Schlechtes zu betrachten. Wenn er die Schale um sein verstecktes Ich nicht mehr aufrechterhalten kann, verzweifelt er an sich selbst. So nimmt es kaum Wunder, dass Menschen, die sich unter solchen Umständen entwickeln, sofern man in diesem Zusammenhang überhaupt von Entwicklung sprechen will, zeitlebens zu Depressionen neigen und in höherem Maße suizidgefährdet sind, als Menschen, die eine selbstbewusste und zufriedene Kindheit erlebten.

Das bedeutet allerdings nicht, dass ein Soziopath aufgrund seines mangelnden Selbstbewusstseins am beruflichen Leben scheitern muss oder dass er – von inneren Zweifeln zerrissen – nicht in der Lage sein wird, mit beruflichen Stress und hohen Anforderungen umzugehen. Ganz und gar nicht. Soziopathen trifft man häufig auch in den höchsten politischen, gesellschaftlichen und wirtschaftlichen Positionen. Sie sind die perfekten Blender. Ihre Auftritte planen sie effektvoll bis ins kleinste Detail durch und überlassen nur selten etwas dem Zufall. Häufig verzaubern sie ihre Umgebung durch ihr ausgeprägtes oberflächliches Charisma.

Um aber auch im Privaten nicht zu scheitern, umgeben sie sich in der Regel mit Menschen, die sie selbst gut kontrollieren und manipulieren können. Hier wiederholt sich also das selbst erlebte Geschehen im Elternhaus.

Menschen, die diesem Einfluss letztlich zu entrinnen versuchen, werden vom Soziopathen systematisch gemobbt, erniedrigt und, wenn möglich, psychisch, manchmal aber auch – wenn sich der Soziopath sehr bedroht fühlt - physisch von ihm vernichtet.

Der in die Ecke gedrängte Soziopath entwickelt sich dann zum Psychopathen.
Leider ist es so, dass mittlerweile kaum eine Woche vergeht, in der nicht irgendjemand mit einer solchen zerstörerischen Persönlichkeitsstruktur in die Leitartikel der Zeitungen gelangt.

Kein Wunder, denn der Soziopath fühlt sich von Natur aus umgeben von einer feindlichen Umwelt. Sein Weltbild ist zutiefst faschistoid. Das bedeutet, dass er davon ausgeht, dass es ein Naturgesetz sei, dass die Schwachen vom Stärksten gefressen werden. Er darf keine Fehler machen. Zumindest darf er sie sich selbst gegenüber nicht eingestehen. Persönliches Versagen wird er stets als etwas ansehen, das von Außen an ihn herangetragen wird. Die Anderen sind schuld. Sie sollen büßen und wenn er keine andere Chance mehr sieht, dann wird er sie vernichten und mit sich zusammen in den Abgrund reißen.

Das furchtbarste Beispiel für die Folgen, die die selbstzerstörerische Energie eines krankhaften Soziopathen haben kann, ist sicher der Zweite Weltkrieg. Denn Adolf Hitler war schlechthin das Paradebeispiel eines Soziopathen.

2. Die Unmöglichkeit einer gesunden Gefühlswelt

Es ist nicht so, dass der Soziopath keinerlei Empathie besitzt. Er hat jedoch nie gelernt ein gesundes Gefühlsleben zu entwickeln. Empathie wurde ihm durch seine Erziehung schnell ausgetrieben. Er empfindet sie als etwas Negatives, Peinliches. Ebenso wie seine Erzeuger oder Erziehungsberechtigten hat der Soziopath diesen Bereich einer reinen Ratio untergeordnet. Er orientiert sich an Konventionen, in deren Rahmen er sich sicher fühlt. Alles was darüber hinausgeht, verunsichert ihn, macht ihn nervös.

Stets beschäftigt ihn nur die Frage, wie er am besten seine Verkleidung aufrechterhalten kann. Denn diese benötigt er, um seine Umgebung dahingehend zu manipulieren, dass sie seine eigene emotionale Leere und sein mangelndes Selbstwertgefühl füllt. Das Weltbild des Soziopathen ist geprägt durch die Aufteilung der Welt in zwei Sphären:
Die erste ist sein „Ich".
Die zweite sind „die Anderen".

In der frühmenschlichen Gesellschaft vor 20.000 Jahren mochte ein solches Grundmodell vielleicht noch Sinn gehabt haben. Damals war es sicher wichtig gewesen, das „Ich" rücksichtslos in den Mittelpunkt zu stellen, um überleben zu können. Damals hatte man jeden Moment mit einer feindlichen Attacke rechnen müssen, und gegen das ständige allgegenwärtige Leid und die Entbehrungen hatte man sich – verständlicherweise - mit einer harten Schale versehen. Indem man Gefühle nicht zuließ, konnte man sich schützen. Kämpfe focht man unter Einsatz des eigenen Lebens immer so aus, dass sie mit der Vernichtung des Gegners endeten.

In unserer verdichteten modernen Gesellschaft ist ein solches Verhalten jedoch nur noch ein Anachronismus.

Höhlenmenschen dieser Art müssten von unserer auf einer friedlichen Koexistenz basierenden demokratischen Gesellschaft eigentlich ausgeschlossen sein. Denn sie sind der Ausgangspunkt menschlichen Leidens. Daran lässt sich nicht vorbeisehen.

Leider tun wir aber genau das immer wieder! Wir sehen darüber hinweg, ja, schlimmer noch, wir BEWUNDERN solche Menschen häufig.
Denn sie erscheinen uns oft in schillernden Farben.

- Der „gute“ König, der den Menschen ihre Freiheit nimmt, aber für sie sorgt.

- Der Superheld, der in faschistischer Tradition seine Gegner „hinwegfegt“ und - nebenbei - die Welt rettet.

- Der einsame Sheriff, der alleine „im Kugelhagel“ die Verbrecherbande besiegt.

- Der engagierte Cop, der den Schurken „endgültig“ zur Strecke bringt.

Jeder dieser „Helden“ übertritt etliche Gesetze und nimmt mit absoluter Selbstverständlich in Kauf, dass unbeteiligte Menschen gefährdet werden, und doch bewundern wir ihn. Jeder x-beliebige Unterhaltungsfilm aus Hollywood ist geprägt von solchen faschistoiden Heldenfiguren. In unserem Freizeitverhalten haben wir Gewalt schon längst als probates Mittel zur Konfliktlösung akzeptiert. Der Videospielmarkt boomt, der Comicmarkt boomt, der Fantasymarkt boomt. Und wir?
Wir sind davon begeistert!

Soziopathen sind also auch heutzutage oft nicht etwa verhasst, sondern – im Gegenteil – sogar begehrt. Frauen finden sich häufig unwiderstehlich zu Soziopathen hingezogen. Beispiele dazu gibt es haufenweise. Einige möchte ich hier kurz mal anführen.

Die männliche Hauptfigur einer Erotikromanserie, die vor ein paar Jahren zum Bestseller wurde - einer Serie, die sich mit einer gewissen Anzahl von Schattierungen von Grau beschäftigt - ist ein Soziopath. Und die schwache weibliche Hauptfigur kommt nicht von ihm los.

Adolf Hitler war ein Soziopath. Es gab genügend Frauen zu seiner Zeit, die ihn attraktiv fanden. Sie fühlten sich zu ihm hingezogen, sein Charisma, seine fehlende emotionale Empathie faszinierte sie. Es gibt genügend Beispiele von Frauen, deren Mitgefühl, deren Mutterinstinkt er erweckte.

Charles Manson, psychopathischer Massenmörder und seit über 40 Jahren in lebenslanger Haft hat als knapp 80jähriger vor ein paar Jahren im Gefängnis geheiratet. Seine 54 Jahre jüngere Frau erlag augenscheinlich der Faszination des Soziopathen.

Und auch Albert Einstein war ein Soziopath. Es war ihm auf krankhafte Weise wichtig, dass seine Ehefrau nicht seine persönlichen Kreise berührte, stets aber unter seiner Kontrolle und ständig zu seiner Verfügung stand. Die bizarren Klauseln seines Ehevertrages sind legendär.
Und was den frisch gewählten Präsidenten einer prominenten westlichen Supermacht angeht…

Das Muster ist fast immer das Gleiche.
Der Soziopath lügt, betrügt, zerstört, wo immer es seinen Zwecken dient. Er ist zutiefst unmoralisch und Mitgefühl und Gewissensbisse sind ihm fremd – Selbstmitleid allerdings nicht.
Ja, Soziopathen jagen einem Angst ein. Sie müssen zwar nicht zwangsläufig zu Psychopathen werden, wenn sich aber besondere Umstände ergeben, die das begünstigen, ist das leider ganz und gar nicht unwahrscheinlich.

Und dann sollte man nicht in ihrer Nähe sein!

3. Die Bestimmung des Lebensweges im Beruf

Kommen wir zurück zu unserem Kind. Es ist nun zum Erwachsenen heran gewachsen. Sofern dieser nicht am System Schule gescheitert ist, wird er versuchen, sich gezielt in Führungspositionen hinauf arbeiten.

Der Soziopath ist strebsam. Er erkennt seine Chancen und nutzt sie. Im Beruf zeigt er sich oft als außergewöhnlich talentierter Aufsteiger. Wo andere zusammenbrechen, besitzt er eiserne Nerven. Kein Wunder. Schließlich hat er gelernt seine Gefühle – auch seine Angst – zu unterdrücken.

Für den Soziopathen zählt nur der Aufstieg. Er muss zwangsweise die Erfolgsleiter empor klimmen, denn auf Dauer wird es ihm nie gelingen, sich einzuordnen oder unterzuordnen. Er benötigt eine administrative Position, in der er sich eine sichere Distanz zu anderen Mitarbeitern oder Untergebenen schafft. Gegenüber Schwächeren ist der Soziopath bereit Gewalt anzuwenden. Er genießt dies vermutlich sogar. Von Kontrollzwang beherrscht, ist er ein Mensch, der alle Einzelheiten aufsaugt, der jede Kleinigkeit aufgreift, die ihm von Nutzen sein kann, um den Konkurrenten auszuschalten.

Machtgebrauch und in späterer Folge oft auch –missbrauch werden für ihn zur Gewohnheit. Auch hier gilt: Wird er nicht aufgehalten, dann wird er mehr und mehr zur Gefahr für seine Umwelt werden.
Er testet gerne die Grauzonen aus, bedroht häufig, ohne dass man ihn als Aggressor entlarven kann. Er spielt damit, genießt das Gefühl von Macht, fühlt sich unangreifbar.

Doch im Laufe der Zeit wird er auch mehr und mehr Gefahr laufen, der eigenen Hybris zum Opfer zu fallen. Auch hier gibt es gerade aus jüngeren Jahren zahlreiche prominente Beispiele, die vor allem in den Bereichen Partnerschaft und Sexualität für ihre persönliche Umwelt zur Gefahr wurden.

Denn Soziopathen genießen das Gefühl der Macht, sie suchen sich häufig einen schwachen oder devoten Partner oder Mitarbeiter, den sie mit oder gegen sein Einverständnis demütigen können.

Durch die Erniedrigung des Partners füttert der Soziopath sein eigenes Ego. Das schillernde Beispiel hierfür ist sicher der berühmt-berüchtigte Marquis de Sade, der zufälligerweise auch der Namensgeber des Triebes ist, der den Soziopathen häufig antreibt: Sadismus.

Da der Soziopath aber selbst lieber im Hintergrund lenkt als selbständig handelt, kann er in einer von Gewalt geprägten Männergesellschaft nur bestehen, wenn er einen Menschen instrumentalisieren kann, der sowohl führungsfähig als auch kampferprobt ist. Überhaupt delegiert der Soziopath sehr gerne. Rechtsanwälte können durch ihn reich werden, Gerichte dauerhaft beschäftigt werden. Er ist bereit, ganze Vermögen zu verbrennen, nur um sein eigenes Ziel, die Befriedigung seines Egos, zu erreichen. Bei Konflikten kennt er nur Gewinner und Verlierer. Wenn es nur Gewinner gibt, empfindet er sich als Verlierer.
Er denkt schwarz-weiß und handelt grau.

4. Die Bestimmung des Lebensweges im Privaten

Auch Freundschaft ist für den Soziopathen nicht mehr als eine durch den Verstand gesteuerte Form der gesellschaftlichen Kooperation. Es ist für ihn eine reine Nutzenbeziehung. Er pflegt in der Regel nur die Kontakte, die für sein soziales und berufliches Weiterkommen von Bedeutung sind. Sein Charisma lässt seine Person oft erstrahlen. Er bewegt sich meist sicher auf dem gesellschaftlichen Parkett, ist ein hervorragender Blender und zieht seine Umgebung in den Bann.

Die Ehe pflegt er als privaten Ruheraum. Auch hier muss er die unbedingte Kontrolle behalten. Wer das Pech hat, mit ihm in einer partnerschaftlichen Beziehung verbunden zu sein, muss sich sehr engen, manchmal sehr skurrilen Regeln beugen. Prinzipiell wird der Soziopath versuchen, alles vertraglich zu regeln. Man erinnere sich an Albert Einstein und seinen skurrilen Vertrag mit seiner Ehefrau.

Und hier genau schließt sich auch der Kreis, denn der Soziopath wird bei seiner eigenen Beziehung versuchen, haargenau die Situation seines Elternhauses abzubilden. Wie der Vater so der Sohn. Um die Kontrolle über den Partner zu erhalten, entwickelt der Soziopath ein Prinzip der Desozialisierung. Im Laufe der Zeit wird er versuchen, den Partner aus jeglichen freundschaftlichen und familiären Bindungen zu lösen, die er selbst nicht kontrollieren kann. Es ist für ihn äußerst wichtig, dass sich sein „Partner“ in einer vollkommenen persönlichen Abhängigkeit von ihm befindet.

Denn die Unterwerfung des Partners ist die Voraussetzung für eine relative Sicherheit der angeknacksten Psyche des Soziopathen.

Es kostet ihn nämlich sehr viel Kraft, tagtäglich seine Maske nach Außen hin aufrecht zu halten. Im Privaten muss er sie daher zeitweilig gefahrlos einen Spalt weit öffnen können. Wenn der „Partner" dieses Spiel durchschaut, ist es oft zu spät. Er befindet sich in einem Beziehungsgeflecht, das der Soziopath im Bedarfsfall effektiv gegen ihn einsetzen kann. Die Abhängigkeit des Partners ist zementiert.

Versucht dieser – so wie du - dennoch auszubrechen, so wird der Soziopath sich bemühen, das Verhalten des ehemaligen Partners als hysterisch oder verrückt darzustellen. Dabei kann es sogar vorkommen, dass sein Opfer, das eigentlich vollkommen normal ist, dann der Psychiatrie vorgestellt wird. Die Welt wird auf den Kopf gestellt.

5. Empathie als Waffe

Der Soziopath ist ein Meister der schriftlichen Kommunikation.
Offene Auseinandersetzungen hingegen vermeidet er, soweit möglich. Zu viele unbekannte Faktoren müsste er dabei kontrollieren.

Der Soziopath sammelt Informationen und instrumentalisiert sie für seine eigenen Zwecke. Er benötigt sie, um seine Verkleidung aufrechterhalten zu können. Im Konfliktfall ist es überlebenswichtig für ihn, zu wissen, wie sein Gegenüber tickt. Er liegt ständig auf der Lauer und wird versuchen, so viel wie möglich, über es zu erfahren, um sein Verhalten einschätzen zu können.

Anfangs habe ich darauf hingewiesen, dass der Soziopath bereits in der Kindheit gelernt hat, seine Gefühle nicht zu zeigen. Im Laufe seines Lebens hat er noch mehr trainiert, sie zu unterdrücken und als gefährlich anzusehen. Dass das ungesund und selbstzerstörerisch ist, versteht sich von allein.

Jetzt könnte man annehmen, dass der Soziopath tatsächlich überhaupt keine Gefühle zeigt. Das stimmt aber nicht. Jedoch zeigt er niemals öffentlich seine wahren Gefühle, er verkleidet sie hingegen und inszeniert ein Schauspiel. Sein wahres Ich darf man nicht zu Gesicht bekommen.

Auch ist es nicht so, dass er mit den Gefühlen anderer nichts anfangen kann und kein Einfühlungsvermögen besitzt. Ganz und gar nicht! Der Soziopath ist durchaus dazu in der Lage, die Gefühlsregungen seiner Mitmenschen und selbst ihre feinen Nuancen wahrzunehmen. Er empfindet aber nicht mit ihnen mit oder – anders gesagt – er ist nicht dazu in der Lage Mitgefühl oder Mitleid zu empfinden.

Stell ihn dir vor wie einen Farbenblinden. Er kann durchaus die Farben unterscheiden, aber er sieht sie nur als unterschiedliche Grautöne, die wirkliche Erkenntnis, was „Farbe“ bedeutet, ist ihm nicht zugänglich. Auf den Begriff der „Empathie“ bezogen bedeutet das: Er ist durchaus fähig zur „kognitiven Empathie“, die „emotionale Empathie“ hingegen ist ihm vollkommen fremd.

Du wirst jetzt sagen. Das ist doch Unsinn. Wenn er Einfühlungsvermögen hätte, dann würde er sich doch nicht so verhalten.
Doch. Das würde – das tut er. Der Soziopath IST höchst empathisch. Empathisch bedeutet in seinem Fall aber, dass er schnell und sicher die Gefühlswelt seines Gegenübers analysiert, um diese für seine eigene Zwecke zu nutzen. Er benutzt sein Einfühlungsvermögen als Waffe, die er im Bedarfsfall effektvoll einzusetzen vermag. Er beherrscht also die „kognitive Empathie“.
Lies hierzu Bertolt Brechts Kurzprosa „Der hilflose Knabe“ und du wirst begreifen, was damit gemeint ist.

6. Die Unfähigkeit, Konflikte positiv empathisch zu führen

Eine weitere Frage brennt dir sicherlich auch unter den Nägeln:
Wieso ist der Soziopath hoch streitbar ohne selbst wirklich streiten zu können? Wie lässt sich dieser scheinbare Widerspruch aufklären?

Die Antwort ist ganz leicht. Es ist die fehlende Kritikfähigkeit, die den Soziopathen dazu bringt. Kritik an seinem Verhalten oder an seiner Person ist für ihn grundsätzlich Angriff. Er kann ihr nichts Positives abgewinnen. Selbst wenn er die Berechtigung der Kritik einsehen könnte und in der Lage wäre, sein Verhalten zu reflektieren – was er in der Regel nicht kann – würde er dagegen aufbegehren und sie als gegenstandslos darzustellen versuchen.
Er hat ein Gespür dafür, die Schwächen des Gegners zu erfühlen und den Spieß umzudrehen.

Und er ist in der Lage seine Umgebung zu blenden und so zu manipulieren, dass ihr seine Sichtweise als das Natürlichste von der Welt vorkommen mag. Seine Fähigkeiten als Marionettenspieler sind bemerkenswert. Stets wird er in seinen Konflikten also Unterstützung von Außen finden und ins Feld führen. Er inszeniert Normalität, wo nur Abgrund vorherrscht.

Der Soziopath ist also nicht unwillig – er ist unfähig eigene Fehler zu erkennen. Schon in der Kindheit hat er diesbezügliche Vermeidungsstrategien erlernt. Und diese haben ihn schon früh dahin gebracht, das von ihm selbst kommende Unangenehme als Fehler seiner Umwelt zu definieren, umzudeuten, wegzulügen.

Ja. Er ist ein Meister in der Kunst der Lüge. Er kann offensichtliche Lügen verbreiten, und ist doch in seinem Inneren vollkommen davon überzeugt, dass das, was er sagt, der Wahrheit entspricht. Vermutlich würde er jeden Lügendetektortest bestehen.

7. Umgeben von Feindseligkeit

Der Soziopath ist in einer gefährlichen Spirale gefangen. Fühlt er sich bedroht, so sorgt sein fehlendes Selbstbewusstsein dafür, dass er Feinde hinter jeder Ecke vermutet. Je stärker seine eigene Unsicherheit ist, umso mehr wird er die Welt als eine ständige Bedrohung empfinden.

Die eigene Lebensenergie wendet er dann auf, um sich ständig gegen vermeintliche Angriffe von Außen zu wehren. Da er noch immer seine Maske und Verkleidung aufrechterhalten muss, frisst der Soziopath alle negative Energie in sich hinein und lädt sich damit auf. Die Folgen für ihn sind ein gehäuftes Auftreten von Stresserkrankungen jeglicher Art. Reizdarm und Magengeschwür sind seine ständigen Begleiter. Die Gefahr von Tinnitus, Hörsturz und Schlaganfall steigt im Alter dann vermutlich ebenso wie das Herzinfarktrisiko.

Der Kontakt mit anderen Menschen wird für Soziopathen zunehmend zur Belastung. Abkapselung und Rückzug aus der Gesellschaft sind dann häufig die Folge. Kontrollverlust ist das Schlimmste, das einem Soziopathen passieren kann. Ist er einmal aufgetreten, erfordert es für ihn eine schier unglaubliche Anstrengung die Kontrolle wieder zu erlangen.
Während dieser Phase ist der Soziopath besonders gefährlich. Die Redewendung „Der Typ ist eine tickende Zeitbombe!“ ist leider mehr als nur eine Metapher.
Und darin eben liegt das Problem. Wenn das verwundete Raubtier in die Ecke gedrängt ist, dann wird es zur Gefahr für jeden, der sich ihm nähert.
Es wird tollwütig um sich beißen. Sein einziges Ziel: Tod und Zerstörung.

Stell dir einen Heizkessel vor, der ständig unter einem bestimmten Druck gehalten werden muss. Du musst stets das Manometer kontrollieren.
Denn was passiert, wenn man den Dampf nicht ablässt, wenn der Druck zu stark wird?
Bei Comicfiguren läuft dann der Kopf rot an und Qualmwolken schießen aus den Ohren. Und dann folgt der WUTAUSBRUCH.

Doch Vorsicht. Der Soziopath ist in der Regel KEIN Choleriker. Zwar können sich bei ihm manchmal auch diesbezügliche Verhaltensmuster zeigen, doch ein Wutausbruch ist bei ihm eher ein kontrolliertes gewalttätiges Druckablassen. Der Soziopath wird nur selten gewalttätig, weil er es muss, weil er sich nicht im Griff hat, SONDERN meist nur, weil er es will, es genießt und es ihm in diesem Moment nutzt.

Erst wenn er in der ausweglosen Tollwutfalle sitzt, wird er unbeherrscht. Aber selbst dort ist weniger heiße Wut als kalter vernichtender Hass zu erkennen. Dieser Hass mündet dann manchmal in einen unheilvollen „Befreiungsschlag“. Wenn alle Verstellung scheitert, wenn die Kraft zum Weitermachen fehlt, wenn das Geheime offenkundig ist, wenn er seinem Scheitern nicht mehr davon laufen kann, dann folgt leider manchmal das, was wir Amok nennen oder der Suizid.

Der Soziopath lädt sich dann nur noch mit aller negativen Energie auf, über die er verfügt. Er flüchtet sich in seine letzte Verkleidung, die eines psychopathischen Rächers, der noch immer nicht fähig ist, sich selbst im Spiegel zu betrachten. Und dann inszeniert er seinen persönlichen Krieg. Er ersetzt sein eigenes Ich durch das seiner bösen triebhaften Seite. Alle aufgestauten Gefühle verdichten sich zu mörderischem Hass. Und er hat nur noch ein Ziel vor Augen: Verbrannte Erde.

Damit es aber erst gar nicht soweit kommen kann, lies bitte die folgenden zwei Teile des Buches besonders aufmerksam.

Teil II. Wie kannst du dich schützen?

8. Die Stärke liegt in dir!

Du musst handeln! Auch wenn du dich niemals schlechter gefühlt hast als jetzt.

Natürlich bist du irritiert. Und das ist auch vollkommen verständlich. Du fragst dich, wie es nur sein kann, dass ein Mensch – möglicherweise der Mensch, an dessen Seite du lange Zeit gelebt hast, dem du vertraut, den du geliebt hast - sich als eine derartig gestörte Persönlichkeit entpuppen kann. Wie kann er nur so handeln? Was ist nur in ihn gefahren? Was hat ihn nur dazu gebracht? Was ist nur schuld daran? Wer ist nur schuld daran, dass er sich so verhält? Du tappst in die Ohnmachtsfalle und läufst Gefahr, die Ursache seines Handelns in äußeren Umständen zu suchen. Möglicherweise suchst du die Verantwortung sogar bei dir selbst.

Aber das ist grundfalsch!
Für sein Handeln trägt jeder Mensch die alleinige Verantwortung.
Er hat dich beleidigt, dich abgewertet. Er hat versucht deinen Glauben in dich selbst zu zerstören. Er hat versucht, dir Zweifel an deiner Wahrnehmung einzureden (Aus diesem Stoff wurden schon Filmklassiker entworfen. Falls du Zeit und Muße dazu hast, schau sie dir mal an. Ich empfehle ganz besonders George Cukors „Das Haus der Lady Alquist“ mit Ingrid Bergman und Charles Boyer. Die Krimihandlung ist dabei nicht das Wesentliche, sondern die Darstellung von Manipulation.).

Wäre er kein Soziopath, so hätte er das nicht getan. Kein liebevoller Mensch, der andere Menschen achtet, geht so mit ihnen um, wie er es mit dir getan hat.
Er ist krank. Er ist ein Un-Mensch. Er ist der Sklave seines Wahnsinns. Aber nur er ist schuldig. Du hast damit nichts zu

tun. Schreib es dir hinter die Ohren. In jedem Moment, in dem du nach Rechtfertigung deines und seines Tuns suchst, spielst du sein Spiel.

Unterschätze ihn nie. Er kann argumentieren. Er kann den totalen Unsinn erzählen und dennoch erscheint dieser dir – oberflächlich betrachtet – in diesem Moment wie die reine Vernunft. Was er auch sagt, was er auch schreibt, es ist die Verkleidung, die er aus Worten und Handeln gestaltet – die dich vernebelt. Er kaschiert damit, dass das, was er behauptet keine Substanz, keinen tieferen Sinn hat.

Adolf Hitler hat es genauso gemacht. Das Charisma besiegt den Verstand. Hohle Phrasen ersetzen Inhalte. Sprachklischees lösen im Gehirn Schaltungen aus. Das reicht dem Soziopathen. ER ist in der Lage seine Umgebung so zu instrumentalisieren, dass sie ihm auch das Unglaubliche, auch das Unlogische einfach so abnimmt. Er ist Meister der Manipulation. Ein Künstler der unauffälligen Gehirnwäsche.

Unterstütze den Soziopathen nicht, indem du im Fahrwasser seiner eigenen Rechtfertigung schwimmst. Es gibt Frauen, die von ihren Partnern regelmäßig geschlagen werden. Manche von ihnen, werden so stark verletzt, dass sie ärztliche Hilfe in Anspruch nehmen müssen. Als Ursache ihrer Verletzung geben sie meist Stürze im Haushalt an. Sich selbst gegenüber rechtfertigen nicht wenige von ihnen die Misshandlungen durch ihren Partner mit der Erklärung, sie hätten diese ja durch ihr eigenes falsches Verhalten hervorgerufen.

Tappe nicht in dieselbe Falle! Leiste Widerstand, auch wenn du seiner Zerstörungswut zunächst nichts entgegenhalten kannst. Er ist scheinbar stärker – auf diesem Terrain. Aber auch diese Stärke besitzt er nicht von sich aus. Es ist deine Stärke! Mach dir bewusst, dass sich dieser Mensch lange Zeit von deiner Stärke genährt hat, von deinen Gefühlen, von deiner Zuneigung oder deiner Freundschaft. Diese Stärke liegt noch immer in dir. Lerne, sie zu nutzen. Lerne, dich selbst zu lieben und mache dir bewusst, dass das Leben schön ist. Nur mit dieser Einstellung wirst du ihm Widerstand leisten können.

Denke an den Löwendompteur. Dieser weiß, dass er es mit wilden Tieren zu tun hat und er weiß, dass er die Kontrolle wahren muss.
Er weiß, dass es gefährlich für ihn ist, sich den Löwen zu stellen. Und doch tut er es jedes Mal wieder aufs Neue. Und weshalb?
Er weiß, beziehungsweise ist davon überzeugt, dass er gut ist. Er weiß, dass er diese riesigen Raubtiere, die ihm körperlich weit überlegen sind, von seiner eigenen Stärke überzeugen kann, wenn er ruhig bleibt und keine Furcht zeigt. Er glaubt an sich.

Glaube auch du an dich. Zeige keine Furcht. Lerne deine Emotionen zurückzustellen, wenn du dich mit dem Soziopathen – auf welchem Parkett auch immer – auseinander setzen musst.
Der Soziopath ist wie ein Geschwür. Wenn du ihm die Nahrung entziehst, verhungert es. Aber versuch nur nicht, es aufzustechen. Die Folge wären schwere gesundheitliche Schäden und selbst wenn du es überstehst, blieben die Narben doch ein Leben lang.

Du hast nur ein Leben und dieses Leben ist schön. Vergiss das nie! Lass es dir nicht nehmen. Genieße es. Habe Vertrauen. Die Welt sucht immer Harmonie. Schlechte Taten zahlen sich nicht aus – nie!
Willst du das Schicksal dieses Menschen teilen? Sicher nicht! Also kämpfe nicht nach seinen Regeln.

Der Soziopath, dein Gegner, ist ein armer Mensch – gefangen in einer Schattenwelt der Unliebe.
Er ist es, der um sein Überleben kämpft – nicht du.

9. Du kannst ihn nicht retten, finde dich damit ab!

Entschuldige bitte, wenn das jetzt so rüber gekommen ist, als wollte ich bei dir Mitleid für ihn erwecken. Das lag nicht in meiner Absicht. Ich denke, dass du der Meinung bist, dass er keines verdient hat. Und das ist auch in Ordnung so. Du musst nicht die Welt retten. Und überhaupt. Selbst wenn du dich in „Mutter Theresa“ verwandeln wolltest – es würde ihm nicht weiterhelfen.

Denn ein Mensch mit soziopathologischem Grundverhalten müsste erst einmal selbst einige sehr hohe Hürden überwinden, damit Hilfe überhaupt möglich ist.
Er müsste eine Therapie wollen.
Er müsste die Therapie durchhalten.
Er müsste die Stärke aufbringen, seine Handlungsweise und sein Denken komplett umzukrempeln.
Er müsste dazu sich selbst erkennen und sich selbst annehmen können.

Selbst Kinder verweigern sich oft psychologischer Hilfe. Sogar wenn sie sich der Tatsache bewusst sind, dass sie eine solche brauchen. Je älter der Mensch aber wird, umso schwieriger wird es für ihn, sich einzugestehen, dass er unter einer psychischen Erkrankung leidet, die er alleine nicht mehr bewältigen kann, weshalb er kompetente Unterstützung benötigt. Insbesondere der Soziopath wird jede angebotene Hilfe stets als Angriff sehen.

Du schüttelst den Kopf? Du willst die Hoffnung nicht aufgeben, dass er irgendwann Einsicht zeigt? Du meinst, es muss doch möglich sein, ihn zu überzeugen, dass sein Verhalten krankhaft ist? Du denkst, du könntest ihn zur Vernunft bringen - durch Mediation?

Vergiss es! Mediation – die gemeinsame Beratung in einem von einem Moderator geführten Gespräch - funktioniert für den Soziopathen nur insoweit, wie er den Moderator und den Verlauf des moderierten Gespräches manipulieren kann – sonst bricht er einfach ab. Das sieht dann zum Beispiel so aus, dass er wütend losheult, den Stuhl umwirft und Türen knallend den Raum verlässt. Man muss sich dann nur noch die Frage stellen, ob das noch ein kalkulierter Auftritt oder wahre Paranoia ist.

Begrab also deine törichte Hoffnung, du könntest auf diesem Weg zu einer klärenden Aussprache gelangen. Merke dir: Der Soziopath denkt nur in den Kategorien Sieger und Verlierer. Wenn er das Gefühl, hat, dass du mit einer Entscheidung zufrieden bist, fühlt er sich selbst als Verlierer

10. Befreie dich von der Angst!

Der Soziopath mobbt, er schickt Briefe, SMS und E-Mails, er übt Telefonterror aus. Er geht dabei mit Überlegung vor und kaschiert seine Kontaktversuche als notwendige Nachfragen. Er wird stets den Anschein zu erwecken versuchen, dass er deeskaliert, dass er einen schwebenden Streit aufzulösen versucht. Er wird dich dadurch aber ständig an die latente Gefahr erinnern, die von ihm ausgeht und dir somit indirekt drohen.

„Vergiss nicht den Termin am....“
„Ich nehme an, es geht dir gut!“
„Unser Sohn hat nach einem Stofftier gefragt, das bei dir liegt.“
„Ruf mich unbedingt an wegen des Kindergartens!“
„Unser Sohn hat Husten.“
......

Der Soziopath hebt in seinen Kontaktversuchen immer wieder euer beiderseitiges gemeinsames Interesse hervor. Er hält höfliche Distanz, weiß aber auf welche Knöpfe er bei dir drücken muss, damit du wieder unter Stress stehst. Stets lässt er alles so erscheinen, als ob du schuldig bist. Doch das muss dir egal sein.

Er ist krank. Mach dir das einfach klar. Du musst den Soziopathen als Menschen aus deinem Denken ausschließen. Das ist eine Frage des Selbstschutzes. Löse dich von dem Mantra der Angst.
Bleib’ entspannt, auch wenn das Telefon klingelt, die Türglocke schlägt oder im Briefkasten wieder ein amtliches Schreiben auf dich wartet.

Sage dir, dass das nur Papier ist und du selbst dein Geschick in den Händen hältst – nicht der Soziopath. Mache dir klar,

dass er dich beschäftigen will. Er möchte erreichen, dass du mit deinen Gedanken bei ihm bist. Er genießt diese Vorstellung. Und er wird überprüfen, ob seine Aktion den von ihm gewünschten Effekt hatte.
Er nährt sich von deinen Emotionen. Gib ihm kein Futter!

Distanziere dich innerlich von ihm. Damit meine ich, dass du ihm keinerlei Gefühle entgegen bringen darfst. Weder Mitleid, noch Wut oder gar Hass. Du schädigst dich nur selbst damit. Schaffe dir in deinem Inneren einen persönlichen Schutzraum, den du in Gedanken jederzeit aufsuchen kannst. So haben sich Entführungs- und Missbrauchsopfer vor der Selbstaufgabe bewahrt.

Der Soziopath hungert nach Gefühlen, nach Zuwendung. Es ist ihm egal, ob du ihn liebst oder hasst, er darf dir nur nicht gleichgültig sein. Er braucht deine Gefühle um sie für seine Zwecke zu instrumentalisieren. Entzieh ihm deine Zuwendung!
Lass ihn verhungern! Nur so kannst du ihn in die Knie zwingen. Je mehr er damit zu tun hat, dich vergeblich zu Gefühlsäußerungen zu verleiten, umso überforderter wird er sein.

Aber sei dabei vorsichtig und übertreib es nicht. Setzte dieses Mittel dosiert ein. Er darf die Hoffnung nicht verlieren. Denn nichts ist gefährlicher als ein Soziopath, der alle Hoffnung verloren hat. Und vergiss nie: Der Soziopath wird versuchen, dich aus der Reserve zu locken. Er will dich kontrollieren. Er will die Macht haben, mit dir tun zu können, was er will. Er will dich zu seinem Haustier machen. Und um sein Ziel zu erreichen, wird er subtil vorgehen.

Er wird immer wieder die Grauzonen ausloten, um dir soweit wie möglich zuzusetzen, und dabei doch unangreifbar zu sein. Falls er in deiner Nähe ist, sieh dich vor. Wenn du das Gefühl hast, er könnte gefährlich werden, lass durchblicken, dass Freunde in Rufweite sind.

Scheue dich nicht, Hilfe zu suchen. Aber denk an das, was du früher gelernt hast über das Hilferufen!
„Hilfe! Hilfe!"
Das bringt nichts. Besser ist:
„Sie da im roten Mantel. Schauen Sie nicht so verlegen auf Ihr Handy, sondern kommen Sie und helfen Sie mir!"
Du brauchst Verbündete. Sprich mit Anderen über dein Problem. Je mehr Menschen eingeweiht sind, umso sicherer lebst du.
Und du wirst viel Hilfe erhalten - psychische Hilfe, die dir dazu dienen wird, die Kraft aufzubringen, all das durchzuhalten.

Dazu musst du aber gezielt Menschen/Freunde ansprechen. Sie werden dir sicher zu helfen versuchen – wenn vielleicht auch nur, indem sie dir einfach ihr Ohr leihen und hin und wieder mal nachfragen. Das bringt aber schon viel. Du wirst überrascht sein von der enormen kreativen Energie, die du dabei von ihnen erhältst.
Nutze also die Gelegenheit! Lass dir helfen!

Hüte dich aber davor, deine Freunde als seelische Mülleimer zu benutzen. Es ist dein Kampf – nicht ihrer.
Jammer ihnen nicht die Ohren voll, denn das hilft dir nicht weiter. Stelle lieber konkrete Fragen und bitte sie um Vorschläge. Notiere dann ihre Antworten. Schreibe alles auf. Verwalte es. Du musst den Kopf frei bekommen. Denn dann bist du auch dem geballten Wahnsinn des Soziopathen gewachsen.

Nur Mut! Vergiss niemals:

Du bist völlig normal.

Vertraue deinem Gefühl. Es hat Recht.

Du bist wertvoll.

Du hast Recht auf ein schönes Leben.

Niemand darf dir dieses Recht nehmen.

Teil III. Wie kannst du dich behaupten?

11. Sinnvolle Kommunikation

Die beste Empfehlung für den Umgang mit Soziopathen lautet nach wie vor:

Brich den Kontakt ab!

Renn davon!

u n d

Lauf um dein Leben!

Natürlich wäre alles viel einfacher, wenn du wirklich einfach davon laufen könntest. Du hättest kein Problem, wenn du in keinerlei Verstrickungen gefangen wärst, die es nötig machen, dass du den Kontakt zu diesem kranken Menschen aufrecht halten musst.

Denn dieser Kontakt ist natürlich eine dauerhafte Belastung für dich, da Kommunikation im eigentlichen Sinne mit ihm tatsächlich nicht möglich ist. Wenn du ihm Nachrichten schickst, wird er in der Regel nicht auf dich eingehen. Wenn er es doch tut, dann in Form einer Floskel. Und dann wird er dir eine Interpretation deiner Nachricht an den Kopf werfen, die ihm am besten ins Konzept passt.

Wenn er Fragen stellt, sind das rhetorische. Er erwartet keine Antwort von dir. Er legt dir seine in den Mund. Die Antwort hat er sich selbst bereits gegeben. Er schreibt vor Publikum. Er rechnet mit Zuschauern. Seine Briefe sind ein großes Theater, in dem er sich selbst als integer und seriös inszeniert und hinter hohlen Phrasen versteckt. Dahinter aber lauert die Bestie seines zerstörerischen Ich.

Denn der Soziopath ist weder lernfähig noch lernbereit, er wird sich selbst gegenüber niemals Irrtümer eingestehen, niemals kritisch sein können - es wäre für ihn wie eine Vernichtung seiner Persönlichkeit.
Vielleicht – und das hoffe ich für dich - bist du also in der beneidenswerten Situation, mit ihm nicht länger kommunizieren zu müssen. Vielleicht hast du sogar bereits ein Annäherungsverbot gegen ihn durchgesetzt oder lebst in einer anderen Stadt, vielleicht sogar in einem anderen Land.

Glück gehabt. Dann wirst du das, was in dem dritten Teil des Buches kommt, vielleicht niemals benötigen. Wenn du aber jetzt weiter liest, dann bist du vermutlich eine Betroffene, die leider nicht in einer so beneidenswerten Situation ist. Vielleicht musst du jetzt und auch in Zukunft – möglicherweise auf Jahre hinaus - weiterhin mit ihm kommunizieren.
Zum Beispiel, weil

- er der Eigentümer deines Nachbarhauses ist
- er dein Vorgesetzter ist
- er der Vater deiner Kinder ist.

Nun, das Haus könntest du natürlich verkaufen und auch deinen Arbeitsplatz könntest du bei der nächsten sich bietenden Gelegenheit wechseln. Aus jeder der ersten beiden Nummern kommst du sicher raus, nur aus der dritten nicht - der Elternsituation.

Stellen wir uns das also mal vor:
Ihr lebt in Trennung, euer Kind ist minderjährig. Ihr habt gemeinsames Eigentum. Die Scheidung ist eingereicht. Und dein Ex-Partner ist höchst streitbar.
Nun musst du die Kampfplätze im Auge behalten.

- Womöglich verfügt er über ein gutes finanzielles Polster.
- Womöglich steht seine Familie hoch angesehen in einer exponierten gesellschaftlichen Position.

- Womöglich macht diese Familie seinen Kampf zu ihrem. (s.o.: Familiäre Gründe für soziopathologische Entwicklung.) Du stehst also gegen ihn, seinen Vater, seinen Großvater, den gesamten Clan??
- Womöglich hat dein Ex-Partner im Berufsleben bereits eine hohe Position erreicht.
- Womöglich sind er und seine Familie Mitglieder in angesehenen Clubs, karitativen Organisationen, Wirtschaftsgremien und kennen Richter, Rechtsanwälte und Ärzte, die ihnen aufgrund von persönlichen Beziehungen gewogen sind und sie – natürlich nur soweit ihr Amt ihnen das erlaubt, wer möchte daran zweifeln - unterstützen.
- Womöglich haben sie genug Geld, um dich finanziell in den Orcus zu schicken.
Was also wird dein Ex-Partner nun versuchen?
Zunächst wird er sicher versuchen, dir die Kinder zu entziehen, und dazu wird ihm jedes Mittel Recht sein – sofern er es vor der Umwelt als regelkonform hinstellen kann. (Vergiss nicht! Er ist ein unsicherer Mensch, mit geringem Selbstbewusstsein, aber übersteigertem Selbstbild!)
- Womöglich wird er dir Geistesgestörtheit unterstellen und mit der Unterstützung seines Anwalts den Nachweis beantragen.
Möglicherweise wird er dich – wo auch immer – in Misskredit bringen, deinen Ruf schädigen, deine Reputation in Zweifel ziehen.
- Womöglich hat er Zugriff auf euer gemeinsames Vermögen und enteignet dich vorab.

Auf jeden Fall wird er versuchen, dich ständig in Rechtsstreiten zu halten, wenn er dazu wirtschaftlich in der Lage ist. Denn so bist du gezwungen, dich mit ihm zu beschäftigen und er kann sich von deinem Leid nähren.
- Womöglich wirst du bald nicht mehr in der Lage sein, die Kosten der gerichtlichen Auseinandersetzungen, die sich um Sorgerecht, Umgangsrecht, Unterhalt etc… drehen, zu tragen (schnell kommen da selbst bei kleinen Streitwerten in der Summe Beträge zwischen € 10.000.-- und € 20.000.-- für

Rechtsanwälte und Gerichte zusammen). Mit diesem Mittel wird er versuchen, dich in die Privatinsolvenz zu drängen, um durch Hervorhebung deines wirtschaftlich schwachen Status – dir dann das Sorgerecht für die Kinder zunehmen.

Du glaubst, das sei nicht möglich? Du denkst, du kannst dich doch auf Recht und Gesetz verlassen? Und auf den gesunden Menschenverstand der Amtsträger?

Das haben schon viele Mütter vor dir geglaubt und sind eines Besseren belehrt worden.
Verlass dich nicht auf das Jugendamt oder andere Ämter. Glaub' nicht, dass Gerichte und Behörden alles so klar sehen, wie du.

Vergiss nämlich niemals, dass der Soziopath ein hervorragender Blender ist. Er kann – wie man so sagt – „Scheiße als Bonbons" verkaufen. Denn mit jeder seiner Fasern strahlt er Erfolg und Kompetenz aus. Man muss ihm einfach glauben.

Halt. Jetzt wirf das Buch nicht gleich in die Ecke. Ich weiß, dass du hier nach Mitteln suchst, dich gegen den Soziopathen zu behaupten. Und diese Mittel wirst du auch bekommen. Du wirst nicht enttäuscht sein – das verspreche ich dir.

Also: Das Schlachtfeld steht. Es ist eines, das aus Buchstaben besteht. Und auf dem der gewinnt, der seinen Gegner am besten einschätzen kann und dabei die Nerven behält.
Denke immer an das Beispiel der Löwendressur. Und merke dir, dass du der Dompteur bist und er der Löwe - nicht umgekehrt.
Du hast eine Chance – nutze sie!
Konkret bedeutet das: Beachte diese 7 goldenen Regeln!

1. Versuche nur noch schriftlich mit ihm zu „kommunizieren"!

Alles was verschriftlicht wurde, ist festgehalten und lässt sich gegebenenfalls in einer gerichtlichen Auseinandersetzung verwenden.

2. Reduziere diese Kommunikation nur auf wenige Sätze! Gib keine Angriffsfläche!

Je mehr du schreibst, umso mehr Möglichkeit gibst du dem Soziopathen, andere Themen zu eröffnen und sich auf diese Weise aus der Verantwortung zu flüchten.

3. Wenn du doch persönlich mit ihm zusammentreffen musst, dann nur mit im Beisein eines neutralen Dritten!

Warum? Ich denke, das ist klar. Zum Einen dient es deinem persönlichen Schutz, zum Anderen verhindert es, dass er dich mit unzutreffenden Unterstellungen oder Bezichtigungen angreift.

4. Konzentriere dich in jedem Brief/jeder E-Mail nur auf eine einzige wichtige Sache, die du erreichen möchtest! Kombiniere keine Streitpunkte!

Der Soziopath ist ein Meister des Verdrehens. Er wird zwischen den beiden Punkten ein undurchschaubares Geflecht von Lügen und Unterstellungen knüpfen. So erreichst du kein Ergebnis.
Am Ende kommt nur viel Papier ohne Aussagekraft heraus, und du hast – wie schon so oft – viel zu viel Energie sinnlos aufgewandt, um ihn zu überzeugen.

5. Denke immer nur daran, was du möchtest!

Bereite dich darauf vor, dass dein Soziopath, wenn du ihm dazu die Möglichkeit gibst, viele Nebenschauplätze eröffnet, um dich verwirren und destabilisieren zu können.

6. Verwende die Technik der „kaputten Schallplatte"!

Wiederhole dein Anliegen. Wenn es sein muss, auch mehrmals. Fordere ihn zur konkreten Stellungnahme auf. Lass dich nicht ablenken. Lass ihn sich nicht herauswinden.

7. Spiegele dein Gegenüber!

Sprich direkt das Geschehen an, das es verursacht. Verweise dabei auf seine eigenen Worte und darauf, wie du sie verstehst. Wenn der Soziopath dir droht, dann sprich auch über die Drohung. Wenn er lügt, wenn er dir etwas unterstellt, dann stell konkrete Fragen, in denen er seine Aussage erklären muss.
Überhaupt: Vermeide Aussagen! Stell stattdessen Fragen!
Wie bitte? Stell Fragen! Was meinst du damit? Stell Fragen!

Und merke dir und erinnere dich immer wieder daran:

Dein Leben ist zu schön dafür. Es ist dein Leben und Du bist viel wichtiger! Sage dir das immer wieder! Schreibe es auf große Plakate und hänge sie in deinen vier Wänden dort auf, wo du sie gut sehen kannst. (Hört sich albern an, hilft aber wirklich!!)

Lass nicht zu, dass dir der Soziopath deine Energie nimmt!

12. Nutze sein Mitteilungsbedürfnis!

Wie du bereits den letzten Seiten entnehmen konntest, gehe ich davon aus, dass du schon schriftliche Nachrichten von deinem soziopathischen Gegner erhalten hast. Vermutlich schon mehr als genug. Jede dieser Nachrichten wühlt dich auf, lässt Emotionen in dir hoch kochen, die dir Kraft rauben. Am liebsten würdest du deinen Gefühlen freien Lauf lassen. Aber das ist grundfalsch. Darauf baut er. Wenn du das zulässt, begibst du dich auf einem gefährlichen Pfad, den er für dich angelegt hat und der unwei-gerlich zur Selbstaufgabe führt. Du möchtest ihm am liebsten sagen, was du von seinem Verhalten hältst, möchtest ihm deine Gefühle offenbaren, ihn betroffen machen und sein Mitgefühl wecken (obwohl dir nach dem ersten Teil des Buches klar sein sollte, dass das bei einem Soziopathen nicht funktionieren kann).

Geh anders vor.

Lass IHN sich offenbaren! Locke IHN aus seinem Versteck heraus. Habe keine Angst vor dem Tier in ihm. Sobald es nämlich draußen ist, kann er es nicht mehr verstecken. Und dann verstrickt er sich in dem Netz, das er für dich gewebt hat.

Du kennst ja sicher noch aus der Schule die Fabeln „Der Fuchs und der Rabe“, „Die zwei Frösche“, „Hase und Igel“. Es ist stets der Listige, der Beharrliche, der Kontrollierte oder der Tolerante der in der Fabel gewinnt. Mache dir diese Rollen zu eigen. Du wirst ihn dadurch überwinden können.

Disziplinere dich. Trainiere. Lerne also, wie du den Soziopathen mit seinen eigenen Waffen schlagen kannst. Du hast nämlich einen Verbündeten – seine Angst vor sich selbst.

Ich möchte dir ein paar typische Fallbeispiele zeigen, an denen du hoffentlich erkennen kannst, wie ein Soziopath üblicherweise kommuniziert.

Du wirst in den Beispielen sicherlich vieles finden, was dir bekannt vorkommt, vieles wieder entdecken, das dir selbst schon seitens deines persönlichen Soziopathen widerfahren ist. Betrachte die Fälle mit dem Blick der Supervision. Überlege, inwieweit sie auf deine Situation Anwendung finden können. Sieh dir die Handlungsmuster an und lies meine Kommentare. Es ist nicht alles einfach, aber wenn man das Schwierige analysiert, weiß man meist, wo man ansetzen muss.
Vielleicht helfen dir die Beispiele dabei, einen Weg zu finden, wie du dich deinem Soziopathen gegenüber behaupten und ihn vielleicht sogar zurücktreiben kannst.

Fallbeispiel 1:

a.) Hintergrund

Nicole C. (34) Lehrerin war neun Jahre verheiratet mit Peter C. (35) Manager.
Seit zwei Jahren lebt sie getrennt von ihm. Ihr gemeinsamer Sohn Steffen ist jetzt 5 Jahre alt.
Nicole hatte die ersten sieben Jahre ihrer Ehe angenommen, eine so genannte „normale“ Ehe zu führen. Peter war sorgfältig, kultiviert und unaggressiv. Er hatte sich auf seinen beruflichen Aufstieg konzentriert. Nicole ging ihrer Lehrtätigkeit in der Schule nach. Sie hatten gemeinsames Eigentum und lebten in einer gemeinsamen Eigentumswohnung. Der Kontakt zu den Nachbarn war gut.

Völlig unvermittelt teilte Peter eines Tages mit, dass er sich von ihr trennen würde und dass Steffen bei ihm bleibe. Sie habe unverzüglich die Wohnung zu verlassen.

Als Nicole sich weigerte, ohne Steffen (damals 3) zu gehen, begann Peter auf sie einzuschlagen und sperrte sie dann in einem Zimmer ein. Nicole rief von ihrem Handy aus die Polzei. Als diese kam, hatte Peter sich bereits wieder in den fürsorglichen Ehemann verwandelt und teilte der Polizei mit, dass alles in Ordnung sei, Nicole aber unter Wahnvorstellungen leide. Nicole war mit dieser unwirklichen Situation überfordert und zu dem Zeitpunkt nicht in der Lage, sich zusammen hängend zu äußern. Die Polizei nahm ein Protokoll auf und verließ das Haus unverrichteter Dinge.

Nicole nutzte die Gelegenheit, um zusammen mit ihrem Sohn aus der gemeinsamen Wohnung zu flüchten. Parallel dazu betrieb Peter allerdings bereits ihre Einweisung in eine psychiatrische Klinik. Er stellte einen Dringlichkeitsantrag, in dem er überzeugend darstellte, dass Nicole eine Gefahr für ihren Sohn sei und wiederholt zu hysterischen Tobsuchtsanfällen neige.

Tatsächlich wurde Nicole von den Behörden dazu gezwungen, ihr Kind herauszugeben. Sie leitete augenblicklich rechtliche Schritte ein, doch es dauerte mehr als sechs Wochen, bis sie ihren Sohn endlich wieder sehen konnte. In der Folgezeit setzte das Gericht dann schließlich fest, dass der kleine Steffen bei Nicole leben sollte, der Vater Peter seinen Sohn aber im Rahmen einer gerichtlich festgelegten Umgangsregelung sehen durfte.

Telefonisch sah Nicole sich nun während der Folgezeit einem beispiellosen Terror von Seiten ihres Noch-Ehemanns Peter und dessen Vater ausgesetzt, mit dem die beiden Männer das Ziel verfolgten, sie wortwörtlich seelisch und physisch zu vernichten.
Die grundsätzlich schwierige Situation, in der sich Nicole befand, war ihr nämlich klar, und Peter betrieb ein darauf ausgerichtetes gezieltes Mobbing. In den E-Mails fiel es ihm leicht, seine Drohungen hinter scheinbar harmlosen Sätzen zu verstecken, die so geschickt formuliert waren, dass sie für

den Uneingeweihten das Wesentliche – nämlich die offene Drohung - verschleierten.

Inzwischen ist Nicole geschieden. Nach einem langen zermürbenden Scheidungskrieg und etlichen von Peter eingereichten Klagen, hat Nicole etwa 20.000.-- € an Gerichts- und Anwaltskosten bezahlen müssen. Aufgrund ihrer Situation als allein erziehender Mutter arbeitet sie zurzeit nur im Rahmen einer 2/3 Stelle. Noch immer versucht ihr Ex-Mann, ihr seelisch zuzusetzen, und sie dazu zu zwingen, sich ständig gedanklich mit ihm beschäftigen zu müssen. Immer wieder verwickelt er sich dabei in eklatante Widersprüche, die aber erst bei näherem Hinschauen deutlich werden.

Nur eines bleibt immer gleich. Was auch geschieht, die Schuld, die Verantwortung für alles liegt nach seiner Auslegung stets bei Nicole oder Anderen.

Aufgrund der latenten Drohungen durch Peter und dem Gefühl, dass ihr Ex-Mann eine „tickende Zeitbombe" ist, vermeidet Nicole verständlicherweise – soweit möglich - jeden persönlichen Kontakt.
So sind E-Mails das einzige Mittel zum Austausch. Nicole selbst befürwortet Mediationen. Peter hingegen hat Mediationen wiederholt abgebrochen oder sich ihnen von vornherein verweigert.
Stattdessen beschäftigt er wegen jedem Anlass seinen Rechtsanwalt. Sämtliche gerichtliche Klagen seit der Trennung hat er eingereicht. Nicole ist stets in der Situation der Beklagten und sieht sich mehr und mehr einer übermäßigen finanziellen Belastung ausgesetzt. Ihr Ex-Mann hingegen hat damit keine Probleme, denn dessen Vater verfügt über ein ansehnliches Vermögen.

b.) Auszug aus dem E-Mail-Verkehr zum Umgangsrecht.

Peter an Nicole. (11.4. ...)

„Hallo Nicole.
Du zeigst immer wieder, dass du nicht bereit bist, mit dir reden zu lassen und bist vernünftigen Vorschlägen, die dem Wohle unseres Kindes dienen, nicht zugänglich. Ich befürworte daher grundsätzlich eine Mediation. Ich habe mich aber mit der Beraterin Frau B.... ins Vernehmen gesetzt und muss dir mitteilen, dass leider zurzeit keine Mediationstermine frei sind. Ich werde mich jedoch schnell um alternative Termine kümmern, denn anders lässt du dich ja üblicherweise nicht überzeugen."

Nicole an Peter (11.4. ...)

„Hallo Peter.
Ich habe heute selbst mit Frau B...... telefoniert. Termine sind doch noch frei. Wir könnten einen der drei folgenden Termine wahrnehmen......."
Kannst du mir bitte in den nächsten Tagen mitteilen, ob einer dieser Termine in deinen Zeitplan passt?"

Peter an Nicole (12.4. ...)

„Hallo Nicole.
Ich finde es gut, dass du endlich zu einer Mediation bereit bist. Ich halte dies für eine sehr gute Vorgehensweise. Aber aufgrund deiner ständigen Weigerung, dich ein wenig meinen Vorschlägen zu öffnen, halte ich die Mediation zum augenblicklichen Zeitpunkt für vollkommen zwecklos. [...]. Ich habe mir sehr viel Zeit genommen, um mich mit dir einigen zu können. Und du schreibst mir, ich solle mich nicht aufregen. Findest du dein Verhalten tatsächlich richtig? Ich bin erschüttert, wie sich der Mensch, den ich einmal geliebt habe, so hat verwandeln können. Ich habe schon so viele

Worte an dich verschwendet, dass es sich nicht mehr lehnt, näher auf deine Vorstellungen von Umgang einzugehen. Uns beiden sollte doch bewusst sein, wie oft ich mich um uns gesorgt habe. Und obwohl ich nicht mehr von dir erwarte, dass du ehrlich und verständnisvoll handelst, und sehe, dass du stattdessen versuchst eine Trennung zwischen unserem Sohn und mir zu bewirken, kann ich dir die größere Verantwortung hierfür nicht abnehmen, so gerne ich es täte.
Ich hoffe du bist nun stolz auf dich. Genießt du es wirklich, dass du mich dort verletzt hast, wo es am meisten weh tut, und dafür das Kindeswohl völlig außer Acht lässt?
Ich denke, wir sollten zunächst ein gemeinsames Gespräch mit unseren Rechtsanwälten führen, ehe wir uns für eine Mediation entscheiden.
Mein Anwalt wird sich wegen dieser Angelegenheit also mit deinem Anwalt in Kontakt setzen, Ich sehe leider keine andere Alternative, denn ich sehe nicht, dass du ein wahrhaftes Interesse daran hast, unsere Kommunikation miteinander wirklich und nachhaltig zu verbessern. Ich bin menschlich enttäuscht von dir und hätte mir in all den Jahren meines Lebens nie vorgestellt, dass ich so etwas einmal erleben müsste – mit einem Menschen, dem ich bereit war, alles zu geben. Schade… Aber Gott sieht alles.
In den letzten Monaten ging doch nun wirklich schon genug kaputt. Soll das denn nie ein Ende haben? Wie weit willst du eigentlich noch gehen? Sollte es nicht langsam Zeit für ein Angebot des Friedens sein. Bitte überlege dir genau, was du als Nächstes tun wirst. Gerne kannst du mich auch anrufen und vielleicht kann ich uns dann dabei helfen, einen gemeinsamen Weg zu finden. Man kann sich doch nicht ewig über die Gerichte auseinandersetzen.“

c.) Kommentar

Die Absicht ist klar: Peter möchte Nicole dazu bringen, nachzugeben und auf die von ihm vorher gemachten – unzumutbaren – Vorschläge einzugehen. Er verweigert sich grundsätzlich der Mediation. All das schwülstige BlaBla soll das nur verkleiden.

Dezente Hinweise auf Gericht, juristische Beratung weisen daraufhin, dass er wieder vor Gericht gehen wird, wenn sie sich nicht seinem Willen unterwirft.

Nicole weiß, dass sie – egal wie die Auseinandersetzung ausgeht – wieder intensiv mit der Situation beschäftigt sein wird und auch wieder Gerichts- und Anwaltskosten zahlen muss.

Sein Hinweis auf das Kindswohl ist purer Hohn vor dem Hintergrund dessen, was während der Zeit dieser E-Mail ebenfalls läuft. Er weigert sich, sich an den Kosten für Kleidung und ärztliche Versorgung des Sohnes zu beteiligen. Steffen ist sprachverzögert. Sein Vater verweigert eine Beteiligung an den Kosten einer logopädischen und ergotherapeutischen Betreuung.

Während Nicole – trotz ihres 2/3 Lehrergehaltes aufgrund der hohen Gerichtskosten mittlerweile an der Grenze zum Sozialhilfe-Niveau steht, verdient Peter mittlerweile ein knappes 6-stelliges Jahresgehalt und hat sich zwischenzeitlich einen neuen Oberklasse-Wagen angeschafft.

Die Auseinandersetzung ist für Peter zu einem perfiden Spiel geworden, in dem er seine soziopathologischen Triebe auf subtile Weise ausleben kann.

Fallbeispiel 2:

a.) Hintergrund

Familie R. (Stefan R. (42), Beamter, Natalie R. (42), Angestellte, und ihr gemeinsamer Sohn Philipp (8)) haben ihren Traum vom Eigenheim mit Garten verwirklicht und eine Doppelhaushälfte am Stadtrand in einem gutbürgerlichen Wohngebiet erworben. Lange haben sie nach einer erschwinglichen Immobilie gesucht. Für den Kauf des Hauses haben sie ihr gemeinsames Sparguthaben verwendet. Darüber hinaus haben Sie einen Bankkredit aufgenommen, dessen monatliche Rückzahlungsraten etwa ihren bisherigen Mietzahlungen entsprechen. Das Haus ist mit einer Hypothek von zwanzig Jahren Laufzeit belastet.

Die Familie hat beim Erwerb des Hauses also knapp kalkuliert. Geld für Urlaub oder größere Anschaffungen steht in den nächsten Jahren nicht mehr zur Verfügung.

In der benachbarten Doppelhaushälfte wohnt seit über 30 Jahren Dieter L. (63), Diplom-Kaufmann. Der Kontakt zwischen den beiden Eigentümern ist zunächst höflich, wenn auch distanziert.

Zwischen den beiden Gartengrundstücken befindet sich ein maroder Holzzaun.
Als Philipp R. beim Ballspiel im Garten eine tragende Holzlatte dieses Zaunes beschädigt, bietet Stefan R. seinem Nachbarn an, den Zaun auf gemeinsame Kosten zu sanieren.

Dieter L. bittet sich Bedenkzeit aus. Kurz darauf setzt er sich mit seiner Anwaltskanzlei in Verbindung, die daraufhin einen Brief an die Eheleute R. sendet, in dem sie diese dazu auffordert, umgehend den Zaun auf eigene Kosten wieder in seinen ursprünglichen Zustand zu versetzen. Bei

Nichterfüllung dieser Forderung lässt Dieter L. mit rechtlichen Schritten drohen.

Stefan und Natalie R. sind bestürzt darüber, dass Dieter L. ihnen direkt mit dem Gericht droht. So hatten sie sich ein nachbarschaftliches Verhältnis nicht vorgestellt.
Obwohl durch den Hauserwerb finanziell stark belastet, veranlasst das Ehepaar auf eigene Kosten eine Sanierung des gemeinsamen Zaunes.
Dieter L. hat also mit seiner Einschüchterung Erfolg gehabt.

Man könnte jetzt eigentlich meinen, dass das Problem gelöst ist. Dieter L. hat ja schließlich seinen Willen durchgesetzt und Familie R. hat klein beigegeben. Doch weit gefehlt.

Ich schätze, du hast bereits erkannt, dass es sich bei Dieter L. um einen Soziopathen handelt. Die Beschädigung des Zaunes hat Dieter L. als persönlichen Angriff aufgefasst. Trotz der Wiedergutmachung kann er dies nicht einfach hinnehmen. Dieter L. macht also weiter, denn er hat erkannt, dass Familie R. es mit sich machen lässt.

Wenige Tage nach der Fertigstellung des Zaunes erhält das Ehepaar erneut Post vom Rechtsanwalt.
Dieter L. hat bei der Vermessung des neuen Zaunes eine 5-Zentimeter-Abweichung von der eigentlichen Grundstücksgrenze zu seinen Ungunsten festgestellt – einen Fehler, den man offensichtlich schon Jahrzehnte zuvor bei der Anlage des alten Zaunes verursacht hatte. Dieter L. fordert den sofortigen Abriss des neuen Zaunes und eine exakt den Liegenschaftsplänen entsprechende Neuanlage.

Familie R. ist verzweifelt. Die Sanierung des Zaunes hat bereits mehr als 1.500 Euro gekostet. Die Haushaltskasse ist schwer in Mitleidenschaft gezogen.
Stefan R. ist verständlicherweise sehr verärgert. Er verweist L. gegenüber darauf, dass er den Zaun im besten Wissen und Gewissen genauso habe anlegen lassen, wie vor der

Beschädigung und lehnt es ab, weitere Baumaßnahmen zu finanzieren.

Dieter L. verklagt daraufhin seinen Nachbarn und der Streit geht vor Gericht.
Stefan R. gibt diesmal allerdings nicht nach. Aus Kostengründen verzichtet er auf einen Rechtsbeistand – was ihm in diesem Falle möglich ist – und legt dem Gericht persönlich seine Position dar.

Das Gericht untersucht die Umstände des Falls und weist schließlich die Klage von Dieter L. ab. Die Gerichtskosten muss der Kläger Dieter L. alleine tragen.
Ein Erfolg für Familie R., sollte man annehmen.

Doch es vergehen nur wenige Wochen, da meldet sich Dieter L. erneut anwaltlich zurück.
Ein neues Schreiben seiner Kanzlei flattert in den Briefkasten von Stefan R. und Natalie R.
Diesmal hat Dieter L. eine Klage wegen permanenter nächtlicher Ruhestörung eingereicht.
Es geht um die Teichpumpe von Familie R.

Spätestens zu diesem Zeitpunkt wird den Eheleuten R. klar, dass sie das Nachbarhaus eines extrem streitbaren Nachbarn erworben haben.
Auch der vergleichsweise günstige Kaufpreis ist für sie jetzt nachvollziehbar. Jeder vernünftige Mensch muss froh darüber sein, endlich den Wirkungskreis eines Soziopathen verlassen zu können.

Da sich zwischenzeitlich aber die Marktlage für Immobilien an diesem Standort verschlechtert hat, ist an einen Verkauf des Hauses nicht zu denken.

Familie R. würde durch den Verkauf zum augenblicklichen Marktpreis nahezu ihr gesamtes Vermögen verlieren.

Weitere gerichtliche Auseinandersetzungen mit ihrem Nachbarn, der förmlich Streit sucht, sind jedoch ebenfalls finanziell nicht mehr tragbar.

Ein Dilemma, wie den Eheleuten R. nun schmerzhaft bewusst wird.

Sie wissen, dass sie mit ihrem Nachbarn weiter kommunizieren müssen. Und sie ahnen, dass das genau das ist, was Dieter L. beabsichtigt.

Spätestens nachdem Dieter L. nämlich gemerkt hat, dass Stefan R. vor Gericht auf einen Anwalt verzichtet hat, weiß er, dass die Eheleute R. nur einen begrenzten finanziellen Spielraum besitzen.

Für Dieter L. ist der Konflikt zu einem Spiel geworden, einem sadistischen Katz- und Mausspiel, mit dem er das Ziel verfolgt, seine neuen Nachbarn zu Boden zu werfen.

Ich gebe zu. Es hört sich an wie ein trivialer Psycho-Thriller. Aber leider ist es bittere Realität.

Obwohl Stefan R. bereits ahnt, dass es wenig Erfolg versprechend ist, versucht er, sich mit seinem Nachbarn gütlich zu einigen.

b.) Auszug aus dem E-Mail-Verkehr.

Stefan R. an Dieter L. (17.9. ...)

Sehr geehrter Herr L.

Ich bin sehr betrübt, dass unser nachbarschaftliches Verhältnis so schlecht ist. Mein Sohn Philipp hat ihren Zaun nicht mutwillig beschädigt, und die Wiederherstellung ist von mir nach bestem Wissen und mit dem besten Willen zu einem friedlichen nachbarschaftlichen Miteinander veranlasst worden.
Unser Gartenteich wird seit ein paar Tagen mit einer geräuscharmen Teichpumpe betrieben. Ich hoffe, dass Sie dadurch zufrieden gestellt sind.

Mit freundlichen Grüßen

Stefan R.

Dieter L. an Stefan R. (18.9. ...)

Sehr geehrter Herr R.

Seitdem Sie und Ihre Familie in das Nachbarhaus gezogen sind, haben Sie wiederholt versucht, das nachbarliche Verhältnis zu manipulieren. Der Gang vor das Gericht wegen des beschädigten Zaunes wäre völlig überflüssig gewesen, wenn Sie nicht das Vergehen ihres Sohnes genutzt hätten, um Manipulationen an der Grundstücksabgrenzung vorzunehmen. Ich befürworte das Recht eines Jeden seinen Grund und Boden so zu gestalten, wie es in seine eigenen Ermessen steht. Ich möchte Ihnen dieses Recht auf keinen Fall nehmen, denke aber dass ich mich dagegen schützen muss, wenn böswillig davon Gebrauch gemacht wird und ich somit der Leidtragende bin.

Sie haben immer wieder gezeigt, dass Sie nicht bereit sind, mit sich reden zu lassen. Vernünftigen Vorschlägen meinerseits, die die gerichtliche Auseinandersetzung, die Sie augenscheinlich angestrebt hatten, verhindert hätten, waren Sie leider taub gewesen.
Ich befürworte grundsätzlich ein angenehmes nachbarliches Verhältnis, doch die schwerwiegenden Ereignisse der jüngeren Vergangenheit lassen mich leider glauben, dass Sie nur auf Konflikt und Konfrontation aus sind.

Hochachtungsvoll

Dieter L.

Stefan R. an Dieter L. (19.9. …)

Sehr geehrter Herr L.

Ich finde es schade, dass Sie das so sehen. Ich habe den Eindruck, als ob Sie den Konflikt suchen. Ich frage Sie, was ich und meine Familie Ihnen denn getan haben. Wir sind weder laut, noch haben wir irgendetwas auf ihrem Grundstück mutwillig kaputt gemacht. Wir möchten nur ruhig unser Leben führen.
Bitte unterlassen Sie weitere anwaltliche Drohungen. Es bringt uns schließlich beide nicht weiter und sorgt doch nur dafür, dass wir unnütz Geld und Lebenszeit verschwenden, statt in Ruhe und Frieden nebeneinander zu wohnen. Ich würde es begrüßen, wenn wir beide uns zeitnah mal in Ruhe zusammensetzen, damit die Probleme, die zwischen uns stehen, geklärt werden können.

Mit freundlichen Grüßen

Stefan R.

Dieter L. an Stefan R. (20.9. …)

Sehr geehrter Herr R.

Zunächst einmal finde ich es sehr gut, dass Sie offen an mich herantreten und über Ihre Verfehlungen sprechen wollen. Ich halte dies für eine sehr gute Vorgehensweise. Aber aufgrund Ihrer beständigen Weigerung, sich ein wenig meinen Vorschlägen zu öffnen, halte ich ein Gespräch zum augenblicklichen Zeitpunkt für vollkommen zwecklos. […].
Ich habe Ihnen ausführlich mitgeteilt, dass ich Ihr aggressives Vorgehen gegen mich leider nicht hinnehmen kann.
Ich verstehe ja, dass Sie mit Ihrer Familie in Ruhe und Frieden leben möchten. Wer will das nicht? Aber es kann doch nicht immer auf meine Kosten gehen.
Sie drohen mir und machen mich für einen Streit verantwortlich, den Sie selbst heraufbeschworen haben.
Ich werde Ihnen gewiss helfen, wo ich kann.
Ihr Hinweis auf Anwälte und abermalige Beschäftigung der Gerichte zeigt mir aber auch, dass Sie ein friedliches Miteinander gar nicht wünschen.
Möchten Sie mich einschüchtern, mir tatsächlich drohen?
Glauben sie, dass Sie so ihre ungerechtfertigten Forderungen gegen mich durchsetzen können?
Finden Sie Ihr Verhalten tatsächlich richtig? Ich bin erschüttert, wie sich Menschen verhalten können, denen man bei Ihrem Einzug die nachbarliche Hand freundschaftlich gereicht hat.
Ich habe schon so viele Worte verschwendet, dass es sich nicht mehr lohnt, näher auf ihre perfide Argumentation einzugehen. Ich, kann Ihnen nicht die Verantwortung für das abnehmen, was Sie dadurch auslösen, so gerne ich es täte.
Mein Anwalt wird sich wegen dieser Angelegenheit also mit Ihrem Anwalt in Kontakt setzen, Ich sehe leider keine andere Alternative, denn ich sehe nicht, dass Sie ein wahrhaftes Interesse daran haben, unser nachbarschaftliches Verhältnis wirklich und nachhaltig zu verbessern. Ich bin menschlich

enttäuscht von Ihnen und hätte mir in all den Jahren meines Lebens nie vorgestellt, dass ich so etwas einmal erleben müsste.
In den letzten Monaten ist doch nun wirklich schon genug Porzellan zerbrochen worden. Soll das denn nie ein Ende haben? Wie weit wollen Sie eigentlich noch gehen? Sollte es nicht langsam Zeit für ein Angebot des Friedens sein. Bitte überlegen Sie genau, was Sie als nächstes tun werden. Gerne können Sie mich auch anrufen und vielleicht kann ich uns dann dabei helfen, einen gemeinsamen Weg zu finden. Man kann sich doch nicht ewig über die Gerichte auseinandersetzen."

Hochachtungsvoll

Dieter L.

c.) Kommentar

Auch hier ist die Absicht des Soziopathen erkennbar. Dieter L. möchte Familie R. dazu bringen, nachzugeben und auf die von ihm noch zu diktierenden – sicherlich unzumutbaren – Vorschläge einzugehen. Er selbst verweigert sich grundsätzlich jedes Gespräches. Hier wird noch einmal die besondere Feigheit des Soziopathen deutlich. Der Soziopath ist sich bewusst, dass er eine Auseinandersetzung niemals offen führen kann.

In der schriftlichen Manipulation ist er der Herr der Lage. Im offenen Gespräch scheitert er an seiner persönlichen Überforderung. Durch dezente Hinweise auf Gericht und juristische Beratung macht er unterschwellig deutlich, dass er wieder vor Gericht gehen wird, wenn Familie R. sich nicht seinem Willen unterwirft.

Dieter L.'s Hinweis auf ein freundliches nachbarschaftliches Verhältnis ist also purer Hohn vor dem Hintergrund dessen, was sich bislang schon ereignet hat. Stefan und Natalie R. wissen, dass sie – egal wie die Auseinandersetzung ausgeht – wieder intensiv mit der Situation beschäftigt sein werden, die ihnen Kraft und Entspannung rauben wird. Die Eheleute wissen, dass auch zukünftig immer wieder erneut Gerichts- und Anwaltskosten auf sie zukommen werden. Sie wissen, dass für Dieter L. die Auseinandersetzung mit seinen Nachbarn zu einem perfiden Spiel geworden ist, in dem er seine soziopathologischen Triebe auf subtile Weise ausleben kann.

Was können Stefan und Natalie R. aber nun tun, damit der künftige Kampf ihnen nicht ihre Kräfte aufzehrt?
Da sie eine Kommunikation mit Dieter L. nicht vermeiden, sollten sie genau darauf achten, dass sie diese komplett auf eine schriftliche sachliche Ebene reduzieren. Alle

Nachrichten und Ereignisse sollten genau dokumentiert werden.

Und dann bleibt leider nur noch die Hoffnung, dass der „gute Nachbar“ bald ein anderes Opfer für seine Schikanen findet und dann von ihnen ablässt.

Fallbeispiel 3:

a.) Hintergrund

Milena M. (33) ist Lehrerin an einer Gesamtschule. Zum Schuljahresbeginn hat sie die Leitung einer fünften Klasse übernommen.

Mario G. (10), einer ihrer Schüler, zeigt bereits in den ersten Tagen starke Verhaltensauffälligkeiten.
Er ist gehemmt im Umgang mit seinen Mitschülern und es fällt ihm sehr schwer, sich in Gruppenprozessen mit einzubringen.
Schon an kleinen Konfliktsituationen scheitert Mario. Häufig wendet er dann körperliche Gewalt an, bei der er keinerlei Grenzen mehr kennt und seine Mitschüler oft auch verletzt. Auch vor seiner Lehrerin macht er diesbezüglich nicht halt, wenn sie schlichtend einzugreifen versucht. Anschließend stellt er seine Verfehlungen dann als Unfälle dar, die von Anderen verursacht worden seien. Milena M. erkennt, dass Mario selbst glaubt, dass es so gewesen ist, wie er es schildert.

Es ist also klar, dass Milena M. daraufhin Marios Vater Jürgen G. (41) zu einem Elterngespräch einlädt. Sie will mit diesem zusammen beratschlagen, wie man Mario bei der Bewältigung des Schulalltages helfen kann. Jürgen G. erscheint zu dem vereinbarten Termin. Er wirkt auf den ersten Blick äußerlich sehr ruhig und lässt Milena M. schildern, was vorgefallen ist. Er fragt mehrfach nach, lässt sich auch Details zu den Umständen, unter denen sein Sohn gewalttätig geworden ist, genau schildern und macht sich ausgiebig Notizen.

Dann greift er diese Details gezielt auf, ignoriert dabei aber im Wesentlichen alle Informationen, die Milena M. ihm speziell über Marios Verhalten mitgeteilt hat. Er wirft der

Lehrerin vor, ihre Aufsichtspflicht zu verletztten, ihre Schüler nicht im Griff zu haben, Mario gegenüber voreingenommen zu sein und pädagogisch unverantwortlich zu handeln, indem sie seinen Sohn einzuschüchtern versuche.

Seine völlig unsachlichen Äußerungen begründet er scheinbar an Details, die ihm Milena M. zu ihrer Handlungsweise und der der übrigen Schüler mitgeteilt hat. Im Gespräch wird er immer aufgebrachter und distanzloser. Milena M. versucht vergeblich den erregten Vater zu beruhigen. Jürgen G. wirft der Lehrerin kommunikative Inkompetenz vor und verlässt dann wütend das Sprechzimmer.

Milena M. ist verständlicherweise beunruhigt. Sie informiert die Schulleitung über diesen Vorfall. Diese wiederum bittet Jürgen G. zum klärenden Gespräch. Zu diesem Gespräch erscheint Jürgen G. mit einem Notebook, auf dem er sich während des Gespräches Notizen macht. Zunächst scheint er wieder die Ruhe selbst zu sein. Interessiert stellt er Fragen nach der Unterrichtssituation und macht Vorschläge, wie die Zusammenarbeit reibungsloser funktionieren könne. Das Gespräch endet ohne Ergebnis.

Was Milena M. ebenso wie die Schulleitung erst zu Ende des Gesprächs bemerken, ist, dass Jürgen G. mit der Kamera- und Mikrofonfunktion des Notebooks das ganze Zusammentreffen aufgezeichnet hat.

Wenige Tage später erhält Milena M. von Jürgen G. eine Anzeige wegen Körperverletzung. In der Begründung bezieht er sich darauf, dass Milena M. im Gespräch mit der Schulleitung zugegeben habe, seinen Sohn Mario festgehalten zu haben. Mario habe davon Druckstellen an den Armen zurückbehalten.
Außerdem behauptet Jürgen G., dass es seitens Frau Milena M. im Elterngespräch ihm gegenüber zu verbalen Übergriffen gekommen sei.

Milena M. ist verständlicherweise erschüttert. Die Tatsachen sind völlig verdreht.

b.) Kommentar

Dieses Beispiel aus dem Schulbereich zeigt besonders deutlich die unheilvolle Verflechtung von Erziehung und soziopathologischen Abweichungsverhalten.
Der Junge Mario zeigt dasselbe Verhalten in der Schule wie sein Vater Jürgen im Gespräch mit Lehrerin und Schulleitung. Die Anderen seien schuld, er selbst sei das Opfer und wehre sich nur verzweifelt gegen äußeres Unrecht.
Diese Symptomatik liegt allen drei Fallbeispielen zugrunde. Die hohe Streitbarkeit des Soziopathen und seine Unzugänglichkeit gegenüber einer Argumentation, die das eigene Verhalten in Zweifel zieht, sind in allen drei Beispielen gleich.

Eine Auseinandersetzung mit einem Soziopathen erfordert viel Zeit, viel Vorbereitung und gutes taktisches Geschick.
Und selbst wenn es gelingt dem Soziopathen in seine Schranken zu weisen, steht man immer noch vor dem Problem, dass der Soziopath dann möglicherweise zum Psychopathen mutiert und mit unkontrollierter Gewalt gegen seine „Gegner", bzw. alle diejenigen vorgehen wird, die es gewagt haben, sich ihm in den Weg zu stellen.
Und dennoch: Aufgeben hilft nicht weiter.
Die Lehrerin hat nicht die Möglichkeit einfach davonzurennen, den Kontakt abzubrechen und den Soziopathen alleine zurückzulassen.
Ihr Beruf verbietet ihr das. Also muss sie zusammen mit der Schulleitung überlegen, wie weiter mit diesem Erziehungsberechtigten kommuniziert werden kann.
Generell sollte der Kontakt nur auf schriftliche sachliche Ebene reduziert werden. Die Briefe sollten wohl überlegt aufgesetzt werden. Weniger ist mehr. Auch hier gilt es, so wenig Angriffsfläche wie möglich zu geben.
Alle Vorfälle sind genauestens zu dokumentieren, Zeugenaussagen und Stellungnahmen unbedingt erforderlich.

Mit Vater und Sohn müssen klare eng umrissene Zielvereinbarungen getroffen werden, beispielsweise, dass Mario nicht mehr hauen darf und welche Konsequenzen es hat, wenn Mario wiederholt gegen diese Zielvereinbarung verstößt.

Weitere Gespräche mit dem Vater sollten in der Anwesenheit – möglichst mehrerer ihm unbekannter Personen als Zeugen erfolgen.
Damit wird eine Situation geschaffen, die den Soziopathen verunsichert. Er wird versuchen, durch sein Charisma zu punkten.
Jetzt gilt es, ihn nicht vom Haken zu lassen. Man muss ihn festnageln.

Wenn er nicht auf seine Gesprächspartner eingeht, sollten diese die „Technik der kaputten Schallplatte" anwenden und einfach das von ihnen bereits gesagte in unveränderter Form wiederholen. So findet er keine Angriffspunkte, an denen er sich wieder aus seiner Verpflichtung heraus hangeln kann.

13. Befreie deinen Geist von Emotionen!

Wie ich bereits im zweiten Teil gesagt habe, ist es schlecht, wenn du den Soziopathen mit deinen Emotionen fütterst. Es kostet dich Kraft und es bringt rein gar nichts. Du kannst dir sicher vorstellen, wie es Milena M. geht. Sie möchte am Liebsten den Schüler samt Vater von der Schule werfen. Familie R. wünscht Jürgen L. sicher auch nichts Gutes. Und Nicole? Sie möchte ihrem Ex-Mann am liebsten einen Denkzettel verpassen, ihm zeigen, dass er so nicht mit ihr umspringen kann.

Verständlich. Wir sind alle nur Menschen. Dir würden vermutlich dieselben Gedanken durch den Kopf gehen, nicht wahr?
Aber Vorsicht!
Wenn du auf Kosten deines Soziopathen dein Ego befriedigst, setzt er dem nur grenzenlosen Hass und Zerstörungswut entgegen. Merke dir: Gegen Windmühlen kannst du nicht kämpfen.
Natürlich möchtest du ihm in einer E-Mail am liebsten alles um den Kopf hauen. Du möchtest ihm deinen Standpunkt darlegen, erklären und rechtfertigen. Du hoffst, dass er dich doch irgendwann verstehen wird.

Abgesehen davon, dass der Soziopath gar nicht dazu in der Lage ist, zu verstehen, was du eigentlich versuchst, ihm klarzumachen, ist das grundfalsch. Für ihn ist nicht der Inhalt deiner Nachricht wichtig, sondern nur ihr Ton. Sobald er deine Emotionen heraus hören kann, gibst du dich ihm preis. Er weiß, dass du wütend bist, Angst hast, ihn hasst. Und er wird sich diese Gefühle zunutzen machen. Er wird dich manipulieren, damit er dich als die Schuldige darstellen kann. Wenn er weiß, wie er dich zu Unachtsamkeiten hinreißen kann, dann hast du verloren. Er wird es immer wieder tun und er wird dich damit an den Rand des Wahnsinns – oder darüber hinaus treiben. Und das willst du doch nicht, oder?

Egal, was geschieht, lass dich nicht von deinen Emotionen überwältigen. Nur wenn du ruhig bleibst, kannst du diesen Kampf gewinnen.
Weder Wut noch Angst, weder Verzweiflung noch Ärger werden dir in der Auseinandersetzung helfen. Im Gegenteil. Er rechnet damit und wird diese Reaktionen zu seinem Vorteil nutzen.

Kämpfe nicht auf Schauplätzen, die du nicht beherrschen kannst. Lock ihn aus der Reserve auf unsicheres Terrain. Und dann schlag zu. Stell ihm beiläufige Fragen zu Zukunftsplanung, Wünschen und Problemen. Zeige dich beflissen, ihm helfen zu wollen. Frag ihn nach diesem und jenem. Zeige nicht, dass seine negative Energie bei dir eine Wirkung hat. Das irritiert ihn. Damit kann er nicht umgehen. Er wird sich aus seiner Rolle lösen und nun wirst du ihn manipulieren können, da er nicht mehr in der Lage sein wird, dich einzuschätzen.

Gerichtskosten werden auf dich zukommen. Du kannst es nicht verhindern. Also informiere dich. Wo lassen sich Streitwerte reduzieren? Wo brauchst du einen Anwalt und wo nicht? Es gibt nämlich Bereiche, in denen du dich ohne anwaltliche Hilfe selbst verteidigen darfst! Interessant, nicht wahr?
Merke dir beim Umgang mit den Gerichten: Der Ausgang einer gerichtlichen Auseinandersetzung ist NIE vorhersehbar. Auch Richter sind nur Menschen und niemand kennt den Fall, um den es geht, besser als dein Expartner und du. Und er ist sicher der Charismatischere von euch Beiden.

Wirf niemals gutes Geld schlechtem hinterher. Ehe du in die nächste Instanz gehst, denke genau darüber nach, ob das überhaupt Sinn macht. Und sei auf jeden Fall vorsichtig mit den Ratschlägen irgendwelcher Anwälte. Sie haben ihre

persönlichen Interessen. Eine hochstreitbare Trennungssituation ist für sie – ich will jetzt nicht sagen eine Lizenz zum Gelddrucken – jedenfalls lukrativ.
Anwälte verdienen an jedem Streit. Das ist nun einmal das Geschäftsmodell. Barmherzige Samariter können sich keine Maßanzüge leisten.

Gehe kalt mit den Mitteilungen deines Ex-Partners um. Alles andere bringt nichts. Wenn du mal wieder einen Brief, eine E-Mail oder eine SMS von ihm bekommst, deute sie genau. Was ist die äußere Botschaft, was die innere? Überprüfe, an welcher Stelle ihr beim letzten Mal in der Kommunikation stehen geblieben seid.

Denk daran. Ihr spielt eine Partie Fernschach und Schach ist nichts weiter als Manipulation. Lerne das Spiel zu verstehen, denn du spielst um dein Leben. Und lasse dabei die Gefühle draußen. Aggressivität hilft dir nicht weiter.

Du fragst dich, was ich dir damit sagen will? Der Soziopath ist seit seiner Kindheit gewöhnt, mit einem aggressiven Umfeld zu leben. Er ist ein Spezialist, was Aggressivität betrifft. Zeig ihm nicht deine Emotionen. Wenn du dann nämlich den Ring zum offenen Kampf betrittst, kann er bereits den Ausgang vorhersagen, ehe ihr angefangen habt. Wenn du aggressiv eröffnest – wollen wir es mal so nennen – kann er nach deinem ersten Zug bereits die gesamte Partie im Kopf spielen. Du musst also defensiv handeln. Das hört sich nach Gandhi an und nach fernöstlicher Weisheit, aber so ist es nun mal. Jeder Zug will überlegt sein. Lerne deinen Gegner kennen. Spiele mit ihm und schau, wie er reagiert. Öffne die Augen. Interessiere dich. Wende dich nicht ab.

Deine erste Regel muss heißen:

Sei sparsam mit Informationen!

Denn alles was du sagst, bietet ihm Angriffsfläche. Weniger ist mehr. Setze deine Worte sparsam ein, wäge jedes Wort genau ab, und lass ihn emotional verhungern.

14. Kämpfe defensiv und drehe den Spieß um!

Wie beim Judo musst du lernen, die Bewegung des Gegners zusammen mit deinem eigenen Schwung als Vorteil zu nutzen.
Nutze also die Kraft des Gegners und forme sie um.
Für den Umgang mit dem Soziopathen heißt das:

Mach ihm keine Vorschläge, sondern stell ihm Fragen!

Lass ihn auflaufen, verleite ihn dazu, seine Deckung aufzugeben und sich herauszuwagen, sich dir gegenüber zu öffnen. Zwing ihn dazu, mit offenem Visier zu kämpfen.

Wenn er versucht, dich aus der Reserve zu locken, frage nach, deute seine Sätze schriftlich aus, gib sie an ihn zurück und zwinge ihn zu einer Reaktion. Wenn es zu einer gerichtlichen Auseinandersetzung kommt, hast du etwas in der Hand.
Du wirst es sonst sicher bereuen. Denn du kannst dir nicht alles merken, und wie gesagt - er ist garantiert der Charismatischere von euch Beiden. Mache dich also auf einen Kampf „David gegen Goliath" gefasst. Aber vergiss nicht:
David hat diesen Kampf gewonnen.

Du tust gut daran, den Soziopathen zu beschäftigen und ihm gleichzeitig zu zeigen, dass seine Manipulationsversuche ins Leere laufen. Bleib dabei stets neutral und unaggressiv. Mit Aggressoren kann er nämlich umgehen. Tappe also nicht in diese Falle.

Wenn du im Rahmen einer Mediation oder in einem Gespräch beim Jugendamt oder in der Schule mit ihm mündlich kommunizieren musst, dann versuche das Gespräch direktiv zu führen. Was damit gemeint ist, werde ich dir im

nächsten Kapitel zeigen. Denn jede persönliche Auseinandersetzung ist unproduktiv und für ihn nur ein Nährboden seiner pathologischen Störung.
Er giert nach Zuwendung. Entzieh ihm diese, indem du entspannt bleibst. Ich weiß, dass sich das leicht dahersagen lässt, aber du hast keine Alternative dazu.

15. Überlass ihm nicht die Gesprächsführung!

Egal, ob du in einer schriftlichen oder mündlichen Auseinandersetzung mit dem Soziopathen stehst, greife ihn nicht offen an, sondern bediene dich stattdessen einiger Tricks.

a.) Motiviere ihn:

„Ich bin sicher, dass du die Mediation als angenehm empfinden wirst, trau dich."

b.) Fordere ihn heraus:

„So wie ich dich verstehe, meinst du also, dass ein Gespräch mit den Rechtsanwälten mehr bringt als eine Mediation. Ich finde deinen Ansatz interessant, verstehe ihn aber nicht. Erkläre doch etwas genauer!"

c.) Formuliere keine Aussagen, sondern lieber Fragen:

„Wäre es nicht sinnvoller, wenn wir gemeinsam…."

d.) Spiegele seine Aussagen:

„Du hältst also eine Mediation zu diesem Zeitpunkt für unsinnig?"

e.) Formuliere seine Aussagen um:

„Du willst also damit sagen, Anwälte können besser unsere Probleme klären als wir beide in der Mediation?"

f.) Fasse zusammen:

„Wenn ich dich richtig verstehe, dann würdest du gerne eine Mediation haben, siehst sie aber für sinnlos an und gehst somit lieber vor Gericht. Wovor hast du Angst?“

g.) Konfrontiere:

„Erst schreibst du, du willst eine Mediation! Dann wieder nicht. Besteht da nicht ein Widerspruch?“

Mit diesen Tricks stellst du den Soziopathen vor ein großes Dilemma. Entweder, er äußert sich konkret und verwickelt sich dadurch immer wieder in Widersprüche – er kann nicht anders - oder er versucht diesen Fragen auszuweichen und dokumentiert dadurch, dass es ihm nicht um das eigentliche Problem, sondern nur um den Streit an sich geht.

Egal, was er tut. Er wird dadurch seinen Handlungsspielraum immer weiter einschränken und einschränken und einschränken.

Damit dir das allerdings gelingt, musst du nun eine Methode finden, um den immensen Schriftverkehr, der möglicherweise auf dich zukommt, so zu verwalten, dass du für jedes Problem, vor das er dich stellt, schnell und problemlos die richtigen Dokumente zur Hand hast. Ich nenne das die gute alte J.-Edgar-Hoover-Methode. Falls dir J. Edgar Hoover nichts sagt – er war fast ein halbes Jahrhundert lang der Leiter des FBI und hat das Sammeln von Informationen systematisiert.

16. Werde zum stillen „Sammler“!

Sammle alles, was du kriegen kannst und dokumentiere es in einem Verzeichnis. Drucke alle E-Mails aus und teile ihnen eine laufende Nummer zu. Verfahre ebenso mit allen anwaltlichen Schreiben, Briefen, Kurznachrichten, Vorladungen, Geschenken etc…

Spalte A = laufende Nummer

Diese vermerkst du auch auf dem Brief/Ausdruck, den du numerisch in einem Ordner ablegst. Die Reihenfolge der Nummern bei der Vergabe ist dabei im Prinzip egal. Du kannst also deine Schriftstücke Stück für Stück erfassen und ablegen, wie sie dir in die Finger fallen. Dafür ist EXCEL gut.

Spalte B = Datum

Spalte C = Inhalt

Schreibe ein oder zwei Sätze, die kurz den Inhalt des Beleges wiedergeben.

Spalte D, E, F, G, H, I = an dich , von dir, vom Anwalt, an den Anwalt, vom Gericht, ans Gericht

Du solltest immer direkt sehen können, wer geschrieben hat. Deine eigenen Reaktionen musst du nämlich ebenso sorgfältig verwalten. Das hilft dir übrigens auch bei der eigenen Selbstdisziplin.

Spalte J, K, L = persönlich, Anwalt, Gericht

Damit du nicht nur eine Seite der Korrespondez findest, wenn du sie suchst.

Spalte M, N, O = Email , Brief, SMS

Du solltest immer wissen, wie die Nachricht gesendet wurde.

Spalte P, Q, R, S ….usw… = Oberbegriffe

Hier solltest du Oberbegriffe finden, nach denen du bei deiner Auseinandersetzung mit dem Soziopathen immer wieder suchen musst. Im Laufe der Zeit werden sich sicher immer wieder neue Oberbegriffe ergeben. Ergänze dann deine Datei entsprechend.

Oberbegriffe könnten beispielsweise sein: UMGANG – UNTERHALT – VERSORGUNG – DROHUNG – MEDIATION – RECHTSANWALT – GERICHT – E-MAIL – BRIEF – SMS…

Fülle alle leeren Felder mit einem Punkt aus. Das ermöglicht dir ein leichtes Autoausfüllen. Die jeweils zutreffenden Felder kannst du dann beispielsweise mit einem „j“ oder „ja“ füllen.

So findest du dich schnell zurecht, auch wenn du viele hundert Schriftstücke verwalten musst – und die können schnell zusammen kommen.

Die EXCEL-Tabelle macht dir mit ihren SORTIERFUNKTIONEN das Leben leichter und du bekommst deinen Kopf frei.

Im Laufe der Zeit gewinnst du dann – wie ein Detektiv – einen Überblick über die Auf- und Ab-Phasen des soziopathologischen Verhaltens.

Widersprüchliche Forderungen und Aussagen des Soziopathen kannst du auf diese Weise – gestützt durch eindeutige Belege – schnell und übersichtlich dokumentieren.

Im Falle eines erneuten Rechtstreites kann dir deine „Sammlung“ von unschätzbarem Wert sein.

Bei allem, was du tust, vergiss aber nicht: Dein Gegner ist ein krankhafter Soziopath. Er hat kein Gewissen und ist gefährlich.
Deshalb sei vorsichtig! Viel Glück!

Teil IV. Die goldenen Regeln der Kommunikation!

Die goldenen Regeln der Kommunikation!

1. Versuche nur noch schriftlich mit ihm zu „kommunizieren"!

2. Reduziere diese Kommunikation nur auf wenige Sätze und vermeide dadurch Angriffsfläche!

3. Wenn du doch persönlich mit ihm zusammentreffen musst, dann nur mit im Beisein eines neutralen Dritten!

4. Konzentriere dich in jedem Brief/jeder E-Mail nur auf eine einzige wichtige Sache, die du erreichen möchtest und kombiniere keine Streitpunkte!

5. Denke immer nur daran, was DU möchtest!

6. Verwende die Technik der „kaputten Schallplatte"!

7. Spiegele dein Gegenüber!

u n d

Lass nicht zu, dass dir der Soziopath deine Energie nimmt!

18416065R00057

Printed in Poland
by Amazon Fulfillment
Poland Sp. z o.o., Wrocław